シリーズ
現場から

空気を読まない「がっこう」悩みごと相談

赤田圭亮
akada keisuke

言視舎

まえがき

「がっこう」をめぐる悩みごとは、時代を経るごとに多種多様で、複雑なものになってきている。悩みごとは自ら解決の糸口を見つけようとしなければ、根本的な解決には至らないが、時に外部からの指摘が意外な化学反応を引き起こすこともある。本書がその一助となればうれしい。

また、学校労働全般に関する悩みごとについては、単なる理想論ではなく具体的で有効な対応が求められるが、類書を見る限り限界があると言わざるを得ない。本書での具体的な対応の提起は、一見ラディカルでミスリードに見えるかもしれないが、当事者にとっては状況を再考する契機になると筆者は確信している。

本書には、直接、自分の悩みごととは関連しないものでも、読み進むうちに新しい刺激につながるものがあると思う。目次を眺めながら、気にかかったところから読み進めていただきたい。

さて、古い話で恐縮なのだが、私が横浜市の中学校に着任したのは1976年4月のことだった。着任半月後の給料日に少し驚くことがあった。初めての給料袋から浜教組（横浜市教職員組合）の組合費が差っ引かれていたのだ。加入した覚えはなかった。だれにも「入る？」とも「入れ」とも言われなかった。全員が組合員なのだから差っ引かれて当たり前だそうで、支部や本部の役員になれば優先的に副校長や校長になれるということだった。私の労働組合のイメージとはかけ離れていた。しかし、私は職場の空気に負けて組合費の返納を求めず、自動的に組合員となった。

職場にレクリエーション以外の組合活動はなく、生徒指導は、生徒のアタマのてっぺんから足のつま先まで徹底した「商品管理」が貫徹していた。日に日にそれに手を染めていく自分に嫌気がさしていった。飛鳥田革新市政＝浜教組＝学校は、自分にとって『カッコーの巣の上で』の病院か、巨大な獄舎のようなものに感じられていた。1年半後、同期の若い仲間とふたり、私は脱退の意志を固めた。

翻意するように説得してくれたのは、分会長でも先輩組合員でもなかった。校長だった。「君たち、もう一度考え直すことはできませんか。君たちにも将来というものがあるのだから」。新採用から2年目の教員の短慮に、校長は半分呆れていた。若い身空でどうして？という気持ちとともに校長が伝えたかったこと。それは、浜教組の組合員であることが教員として生きていくための最低限の条件だということだった。労組と学閥が行政を支える横浜の教育界の、逃れられないこの桎梏の重さをこそ、校長は私たちに伝えたかったのだ。団結は力、分裂は悪というスローガンは、その桎梏のアナロジーに過ぎなかった。職場に団結などなく、組合員は内部から分裂していた。もちろん闘いなどあるはずもなかった。

校長の説得に応じることなく、私たちは浜教組を脱退し横浜学校労働者組合に加入した。日教組から初めて左翼分裂した横校労の結成2カ月後のことだった。

言視舎の杉山尚次さんから本書の「空気を読まない」と冠されたタイトルを提案された時、瞬時、あの時代のことが脳裏をかすめた。件の校長は、身過ぎ世過ぎのためには周りの空気も読まなければと言いたかったのだろう。1万2000人の浜教組に対し、たった20数名の労働組合に何ができる？　そんなものにかかずらわって世間を狭くするな、悪いことは言わないから……。

私は終生ヒラの教員で、40年以上もの間、横浜学校労組の活動家だった。40年近く、労働組合の存在など全く感じられない現場にあって、闘うべきテーマはいくらでもあった。少数であっても、知恵と仲間さえいれば十分に当局とわたりあうことができると思えたし、実際そうしてきた。89年の日教組分裂後に横校労のような組合が全国で生まれた。日教組や全教のように上部に政党をいただくような組合でなく、現場と現場が直接連帯する、そんなイメージの連絡組織「全国学校労組者組合連絡会」（全学労組）が結成された。相互の闘いの支援や文部科学省交渉は、今でも続いている。

少数派は空気を読まない。空気を読んでいたら呑み込まれる。呑み込まれないために俯かず顔を上げる。そうして自分のことばと思想で現場に立ちたいと考えてきた、拙いが、本書もその一つのつもりだ。

職場の重い空気に押しつぶされそうになりながら、私に問いかけてきた人たちに対し、マスクをしろ、空気を読めではなく、空気を読まない言葉で応えることが、現場の空気を換えるきっかけになるのではないかというのが、本書に込めた私の思いである。

本書は、月刊『横校労』に連載したQ＆Aの合冊本『教育「改革」下の横浜で98の悩みごと相談に答えた記録』（私家版　横校労叢書③）から一部を改稿し、この数年に受けた相談を新たに加えて構成した。必要に応じて追記として説明を付した。

前著『教員のミカタ』同様、今回も妻赤田眞知子が原稿の整理を、杉山尚次さんが、企画、原稿チェックと構成等を丹念に担ってくださった。両氏に心からお礼を申し上げる。

本書を全国の学校現場で日々苦闘する多くの仲間たちに届けたい。

空気を読まない「がっこう」悩みごと相談　目次

第1章　生徒のことで困っています　11

第2章　保護者の／からの困りごとがあります　37

第３章　「がっこう」という文化は困りごとがいっぱいです　61

第４章　トラブルは避けて通れません　105

第5章 「定額働かされ放題」でいいんですか？ 125

第6章 「がっこう」の環境は変えられます 147

第1章

生徒のことで困っています

［生徒のことで困っています］

生徒の問題行動ですべてうまくいきません。私には適性がないのでしょうか？

Q　中学校の初任者です。4月から2年生の学級担任をもっているのですが、2学期半ばあたりから元気が出なくなってきました。初めはけっこう楽しくやれていたのですが。6月に入ったころからクラスでいろいろと問題行動が出始めました。学年主任や生徒指導の先生の指示通りに、本人への注意とか親への連絡をしてきたのですが、気がついたら問題の生徒だけでなく、他の生徒も私の周りに寄りつかなくなりました。ロングホームルームでのいろいろな決め事、校外学習のバスの座席決めとか、球技大会のメンバー選出でも、生徒だけではうまくいかないので私が入るのですが、入れば入るほど不満が出てきて、クラスの雰囲気が悪くなります。それにつれてかどうかわかりませんが、2学期になってからクラス内の器物破損が増えています。やった人は出てきてと言ってても出てきてくれません。この仕事、どうしてもやりたくて就いたわけではないので、いつ辞めてもいいのですが、周りの同期の初任者が楽しくやっているのを見ると、ちょっと悔しくて。私に適性がないのか、それともたまたま問題の生徒が私のクラスに多いだけなのか、私のクラスを見たことのない先生にお聞きするのは失礼なのですが、他に相談するところもないので、メールしてみました。（匿名希望・23歳）

A そうですね。そんな気持ちなら、教員、もう辞めたほうがいいかもしれませんね。**「どうしてもやりたくてこの仕事に就いたわけでもない」というのは逃げたいときの常套の口実、逃げ口上です**。今までも、そういうことありませんでしたか。

初めは楽しくやっていたとありますが、冷たい言い方かもしれませんが、それはたまたまだったんです。中2の生徒からすれば初任の教員は物珍しい存在、はじめは関心をもっても、そう長くは続かない。いつのまにかあなたの短い賞味期限が過ぎてしまったのですね。教育実習の3週間しか実際の中学生に接していない人が、突然学級担任になっても、個人相手ならともかく、クラス全体を相手にそんな簡単にうまくやれるはずはないのです。私もそうでした。けっこうつらい一年でしたよ。

初任者はいつの時代も、丸腰でやんちゃな中学生に向き合うことになります。そのときに**忘れてはならないスキルがふたつ**あります。それは、**生徒の話は最後までちゃんと聞くことと、なるべく大きな声でわかりやすく話すこと**。このふたつが意外に難しい。経験豊富な教員でも、いや経験豊富だからか車両を連結するように、次々話をつけ足して長くなる人が多いし、生徒の話を最後まで聴かずに「わかった」と思いこみ、自分の話を優先してしまう人も多いもの。

生徒との気持ちの触れ合いが大事、心が通じあうようになんて言う人がいますが、**心や気持ちがそう簡単に通じ合うことなんてありません**。そんな気がするだけです。生徒が離れていったのは、あなたの言葉がわかりにくく、自分たちの言葉があなたに届いていないと思ったからではないでしょうか。あなたは周りの先生たちに言われたとおりにやっているうちに、どこかちぐはぐになっていって一貫性を欠くようになっていった。その辺りの芯のなさ、軽さを見透かされたということですね。

一つだけアドバイスします。**毎日、同じ時間に同じ場所で生徒や教室を眺めてみてください。**定点から集団を眺めてみると、日々の変化が見えてくるものです。たとえば朝の学活、教卓近くの同じ場所に立って同じ時間に生徒を眺めてみると、生徒の表情の小さな変化が見えることがあります。すぐに声をかける必要はありません。忘れず変化を自分の中に留め置くこと。机の並び方、掲示物、ゴミ箱の位置、その中身、個人のロッカーの中、掃除用具入れ、その中身等々、いつもと違うところは？　こちらはすぐに着手。掲示物が破れていたら、直す。机が曲がっていたら、直す。ゴミ箱がいっぱいになっていたら中身を確認するために自分でごみを捨てにいく。教卓が汚れていたら雑巾で拭く。掃除用具入れは……。

この先生はこういうときはこうするものだというわかりやすさ。あなたの動き方があなたを雄弁に物語ります。まずは「わかりやすい」教員でいいのです。「なんでも自分で直したりしてヘンな先生だな」と思われたら、それはそれでＯＫ。そんなヘンな先生に時に「手伝って」と言われれば「へ？」と思って手伝ってくれる生徒がいるかもしれない、いつも最後まで話を聞いてくれる先生に「今日、ちょっと元気ないね。どうしたの？」と言われれば、生徒は見られていたことに驚き、ほっとするかもしれません。

この仕事は、**自分でいろいろなことを試しながら自分なりのノウハウをつくっていくものです。**あなたは、まだ言われたようにやっているだけで、あなた自身のノウハウをつくろうとしていません。辞めることを考えるより、明日からちょっと違う自分になってやろうと考えてみてください。見ていないようで生徒はけっこうよく見ているものです。失敗しても心配いりません。生徒は大人より寛容だし、中学校では先生より自分たちのほうがセンパイだと思っていますから。

［生徒のことで困っています］

「なんでオレだけ？・」⇩ふてくされ……生徒とのいたちごっこで、うつ気味です。

Q 転勤して1年目。中2の社会科の授業を4クラスもっています。教室の中の明らかな秩序破壊、そしてそれを野次馬のように楽しむ中学生のムードに対して、どう対応すればいいのか悩んでいます。今までの学校では多少のことはあっても授業の中では安定した関係が自然に築けていました。ところがこの学校ではそういう関係がなかなか成立せず、毎日いたちごっこのような状態を繰り返しています。教室のあちこちで突然同時多発的に騒がしくなる、消しゴムや紙くずの投げ合いが始まる。制止を聞かず席の離れた者同士がおしゃべりを始める。目についた生徒に注意すると「何でオレだけ注意するんすか？」「いっつも私だけ怒られるぅ」とふてくされ周りもそれに同調します。こういう場面がやたら多いのです。すぐに「オレばっかり」、そしてふてくされる。パターン化しています。注意をしてもこっちの落としどころに落ちてくれず、同じことの繰り返し。「先生、なめられてんだよ」と直接言ってくる生徒もいます。大荒れにはならないのですが、なんというか締まりのない授業が続いています。最近は授業に行くのが気が重く、ややうつ気味です。なにか解決の糸口でも教えていただけたらと思って……。（東京・中学校教員）

A **中2ぐらいになると、生徒の意識がかなり多様になっていきます。**中学生の授業以外の主要な場面、たとえば部活動、この時期レギュラーになれそうな生徒とそうでない生徒、上級生、下級生への不満を抱えている生徒もいますし、顧問の部活動の運営の仕方に不満をもち始める生徒もいます。塾でも同様です。学年が上がるにつれ、塾内での格差がはっきりしてきます。塾の教員や授業の進め方への不満も出てきます。成績や進路をめぐる親との衝突も少しずつ出てきます。しかし部活動も塾も自ら選択して出かけていく場ですから、不満や不全感をストレートに表明するというわけにはいきません。サボるのがせいぜいでしょう。

教室はとりあえずいなければならない場所、日常的な生活の場です。なかなかサボれません。かと言って一日6時間の授業すべてに集中などできません。適度に手を抜き、気を抜きの繰り返し。午前中は昼食を楽しみに、午後は部活や帰宅を待つ。すべてとは言いませんが、中学生にとって教室はそんなふうにいつも変化を待っている場所です。そういうところですから、ちょっとした教員の所作が笑いのタネになったり、また自分たちのありようとかけ離れたきつい指示や叱責に強い反発を覚えたりします。

そうした反発の多くは強い主導権を発揮しない先生のところで表面化していきがちです。いわば甘えられるところを選んで甘えているということなのですが、授業をするほうとしては困りものですし、甘えが甘えで済まなくなることもありますからめんどうです。

「何でオレだけ」「私だけいつも怒られる」はきょうだいげんかの常套句ですが、クラスではこの平等主義？が厄介ですね。同じことをした生徒に同じように注意できればいいのですが、そういうときばかりではありません。消しゴムのかすを投げた生徒を注意すれば、むこうが投げてきたからやり返しただけ、どうしてオレにばっかり注意するわけ？ということになります。まさにいたちごっこですね。きょうだいげんかと違うのは、そこに共感してしまうマジョリティがいることです。

口に出す生徒は、自分を支えてくれる空気があることを承知していますから、先生の注意や叱責の理屈は通らず、だだっ子のような言い分であっても正当性があるかのように考えてしまいます。教員の中には、こうした生徒の雰囲気にうんざりしてそのまま流してしまう人もいます。しかし教員のほうはそう思っても、生徒からすれば先生をやり込めたということになってしまいます。

逆に「わがままばかり言ってんじゃないよ。オレだけ、オレだけって、おまえだってやっているんだから怒られるのは当たり前だろう」と押し切ろうとすると、プイ！とふてくされる。あなたの言うパターンですね。それにとどまらず、売り言葉に買い言葉で「うっせーなー！」か「ウザ、キモ、死ね」なんて言われると、今度はその言葉にイラッときて「何だ、その言い方は！」。いったんこうした「ゾーン」に入ってしまうと、引き返すのはむずかしい。言葉が何の意味ももたず、感情だけがぶつかり合うから、ひじが当たったとかつばが飛んだとか、つまらないことがきっかけで大きなトラブルに発展してしまうこともあります。

あなたは初めてかもしれませんが、**ふつうの教員は、たいていこうした経験をもっているもの**です。ですから**授業の中では自分なりの枠組みを保ちながら、授業を進めます**。誰も排除せずにそこそこの授業となるように工夫しているわけです。たとえば月曜の朝の授業と火曜の午後の授業では空気はかなり違います。またあるクラスはいつも午前中に授業があり、一方あるクラスは午後しかないということもあります。教員の気構えはこれだけでもかなり違ってきます。

さて、その枠組みですが、初めの1、2カ月の間に、授業の進め方とともにこういう時にはこうするという基本的な対応の中身をていねいに伝えます。いわば授業の中での教員と生徒との距離感のようなものを互いに了解しあう時間ですね。厳格すぎる枠組みは特定の生徒には心地よいと感じられるものですが、多くの生徒にとっては窮屈で仕方がないものです。また緩い枠組みはそのまま長続きすればいいのですが、これも怠惰に流れてしまう場合もあります。ここが難しい。またはじめにに成立した了解事項が何事もなく学年末まで維持できるかと言えば、そうではありませんね。メンテナンスやバリエーションも必要です。こうして授業者も学級担任も、無意識のうちに目にみえない枠組みを教室に中に確立しようとします。

こうした状況が成立するためには前提条件があると私は考えています。それは**教員側が意図的に生徒を公的な存在、市民の一人としてとらえること**、そして市民としての権利と同時に、**教授関係においては一定の社会的制約を受けることがあると伝えていくこと**です。

生徒は、心理的にいつも私的な部分と公的な部分を行ったり来たりしているものです。制服に着替え学校に来れば公的な存在であることを意識せざるを得ませんが、それが日常となると気持ちはパジャマの状態にすぐ戻ります。枠組みがはっきりしないと、「私」の領域が過度に拡大され、私的な身体性だけが優先されていきます。そうなれば、勝手気まま、やりたい放題がクラスの中に蔓延します。

以上、私の考え方を書いてみました。今あなたに必要なのは、あなた自身の意識を変えることなのではないかと思います。簡単ではありませんが、生徒を未熟な子ども、わけのわからない生徒ではなく、**一人の市民として生徒を見るようにしてみてください**。何か少し違ったものが見えてくるかもしれません。

今までよく話をしていた生徒が、反抗的な態度をとります。

［生徒のことで困っています］

Q クラスの男子生徒のことでお聞きします。中1中2と2年続けて担任をしています。とっても明るい子で、2年生の1学期までは私との関係は良好でした。夏休み明けくらいから様子が変わってきて、私とあまり話をしなくなりました。声をかけてもナマ返事ばかりで。学期末の三者面談でも口をきかないので、進路の話なども母親とばかりになってしまいました。家でお父さんも含めてじっくり話し合ってくださいと言って終わったのですが、次の日の電話では、進路はお母さんと先生で決めればいいだろうって言っていたそうです。どうしてそうなるのか私にはよくわかりません。思春期、反抗期ということなのでしょうか。（港北区・中学校教員・40歳）

A 今までよく話をしていた生徒が、避けるような態度をとり、話をしなくなる、そういうことってよくあります。一般的にですが、大人は内面の振れ幅が少なく、ある程度いつも平静な気持ちを保っていることが可能ですが、**思春期の生徒は、内面に突如暴れ出す猛獣を飼っているようなもの**で、その時々でとっても振れ幅の大きい言動に出ることがあるものです。大人であれば、それまでの関係が基盤になるところを、中学生はその基盤を突然切り捨ててしまう、そしてそのことになんら負い目などを感じないということがあります。それは猛獣の強さによるものだと思います。

ご質問を読みながら、三者面談の様子を思い浮かべてみました。彼がこのところあなたにあまり話をしないため、あなたは初めからお母さんのほうばかり向いて話していませんでしたか？彼に聞きたいこと、彼に言いたいことをお母さんにばかり話していませんでしたか？　私も経験がありますが、個人面談はせいぜいが10分か15分、短い時間の中で保護者に伝えたいこと、保護者から聞いておきたいことをやり取りしなくてはなりません。口の重い生徒の返答を待っていると、時間が足りなくなってしまいます。

でも、口をきかなくても生徒はそのやり取りを聞いています。よかった、先生にいろいろ言われなくてと思う生徒もいますが、物足りなさを感じる生徒もいます。それなら、自分からもっと話すようにしなきゃと大人は考えますが、親の前では思ったことが言えないという生徒もいます。親とうまくいっていないことから、親の前でホンネを出したがらない生徒もいます。つまり、**彼らにとっては沈黙も一つの言葉**なんですね。

第三者返答という言葉をご存じですか。例えば、外国人と日本人2人で来店した客に対し、外国人が質問をしているのに、店員は日本人にばかり説明をしたがるといったケース。子どもと親が来店すると、子どもの商品を探しているのに、店員は親に向かってばかり説明をする。私たちは当事者に対してではなく、話がすっと通る人を選んで話す傾向があります。これが第三者返答です。

自分を外国人や子どもに立場を置きかえてみてください。自分が訊いたのに、この人はなぜ自分にではなく、日本人や親に向かってばかり話してしまうのかと思いますね。これは**当事者を当事者として認めない**という、強い言葉で言えば差別の問題でもあります。当事者を勝手に決めつけているわけです。子どもは成長すれば当事者となるかもしれませんが、外国人はたとえ日本語が堪能になっても見た目で当事者性を奪われることになります。

私の勝手な想像ですが、彼はあなたへの信頼が強かったのではないでしょうか。何でも話せる先生だったのに、なぜかこの頃素直に話せない、言いたいことはたくさんあるのに言葉にならない、そんな思いを抱えていたのかもしれません。進路のことはできれば親のいないところで先生と2人で話したいとも思っていたのかもしれない。それなら聞きたいことをたくさん聞ける。それなのに面談になったら先生はお母さんにばかり話している。お母さんも僕の気持ちを確認しないで、勝手なことばかり言っている……。そんなふうに拗ねてしまったのかもしれません。でも、この時期の子どもは、拗ねているなんて子どもじみたことは言われたくない。それで、もういい、勝手にしてということになったのでは。

時間をとって2人でじっくり話してみてください。最初はぎくしゃくするかもしれないけれど、あなたの進路はあなたが決める、先生はそれを応援するというメッセージをしっかり送ってあげれば、ぼそぼそと何か話を始めるのではないでしょうか。

［生徒のことで困っています］

転校してきた男子生徒が「スカートを履きたい」と言ってきましたが……。

Q 中2のクラスのことで相談です。関西から転校してきた男子生徒から、スカートを履きたいという申し出がありました。自分は小さい頃から男子として扱われることに違和感をもち続けてきた、転校をきっかけに自分を素直に表現したいと考えた、両親も納得して応援してくれているので、学校ではスカートを履いて活動したい、トイレも違和感はあるが今のところは我慢できるとのことでした。

春休みに職員会議でこの問題について検討しました。結論として現在のLGBTQの流れの中では認めないわけにはいかないだろうということになりました。特例としてという但し書きはつきましたが、近在では本校が初めての判断のようです。

始業式からその生徒はスカート姿で来ましたので、式は騒然とした空気に包まれました。クラスに入っても覗きに来る生徒が多く、落ち着かない雰囲気で1学期が始まりました。1週間ほど経った頃、クラスの男子生徒3人が私のところにきて、「ぼくたちもスカートを履きたい」と言ってきました。次の日には今度は女生徒4人が、「私たち、スラックス履いていいですか」と。

生徒指導の先生のところにも行ったそうで、先生からは、転校生の場合は特段の事情として認めた、次から次へ認めていったら学校が変わってしまう、今まで通り決められた標準服以外は認めないと言われたとのこと。生徒からはブーイングの声が上がりましたが、私は説明に窮してしまいました。今のところはなんとかなっていますが、これからどうしていいか、私にはわかりません。何かアドバイスをいただけないでしょうか。（九州地方・中学教員）

A 転校生がスカートを履くという問題提起によって、**生徒たちの中に今までとは違った機運が生まれてきた**ということですね。お困りのようなのに申し訳ないのですが、**それはいいことなのではないですか**。

横浜では制服と呼ばず、標準服という言い方をします。標準服という言い方には制服と違って、たとえば転入生は前の学校の制服で通学、生活してもよいといった一定の規制の緩さがありました。また襟のカタチが独特のブラウスと男子用のワイシャツの区別がなくなりつつあり（ボタンの左右がどうなっているかは不明ですが）、ネクタイやリボンについても男女に関係なく選択できるという学校もあります。そこから考えれば、女子が標準服のスラックスを履きたいというのも、それほど無理な話ではありません。部活動や保健体育の授業の時には、男女ともにジャージパンツを着用していますし、短パンについても、横浜では20年ほど前までは、女子はからだの線がはっきり見えるブルマーの着用が一般的でしたが、現在では男女兼用のものがほとんどになっています。こうしてみてみると、校内で着用するもので性差が著しく残っているのは、男子のスラックスだけということになります。

２０２２年12月発行の「広報よこはま」に「人権特集　お互いに尊重し合い、共に生きる社会をめざして」として**第41回全国中学生人権作文コンテストの最優秀賞作品（横浜市長賞）**が掲載されています。受賞したのは市立新田中２年の増田春之介さん、タイトルは「**僕はスカートを履いている**」。

作文には小さい頃から「ぼく」への違和感があったこと、スカートを履くことを母が認めてくれたこと、発達障害があることも公にしたこと、生徒会で姉たちの制服を変える活動が女子のズボン着用を可にしたこと、そしてスカートを履きたいという「私」の要望を先生方がさらに話し合い、校則から「女子」「男子」の文字が削除されたことがつづられています。作文は、「私は障害をもつ身としてみんなと同じように接してほしい、特別扱いされたくない。スカートも特別ではない目で見てほしい。私と同じ思いをして、勇気を出して自分のことを話した人のことをたくさんの人に理解してほしい。私が障害をもっていなければずっと障害を知らなかったかもしれない。同じ思いをしている人の役に立ちたいと思えるようになった。私の人生すべては、神様がくれたプレゼントだと思う。」と結ばれています。

14年間を凝縮した素敵な作文なのですが、随所でいろいろなことに気づかされます。この学校はスカート着用を「男子」「女子」の文字を校則から削除するかたちで認めたそうです。「ＬＧＢＴＱの流れの中では認めないわけにはいかないだろう」と特例としたあなたの学校とはかなり違います。逆らえない流れの前での妥協は「次から次と認めていったら学校が変わってしまう」という生徒指導の先生の言葉につながってしまいます。生徒指導の先生からすれば、学校の中の秩序が保てなくなると考えているようですが、これは岸田首相の同性婚制度についてのコメント「社会が変わってしまう」にそっくりです。**多様性を認めようとする社会が「秩序」を壊し、社会を変えてしまうという発想が、少数者の存在を否定し、多様性を拒絶している**のではないでしょうか。

生徒からの要望は、学校の秩序を壊そうとするものではなく、スカートの転校生とともに、社会からのごく自然な風を受けとめた結果ではないでしょうか。

だれもがどこかで少数者とならざるを得ない時があります。そんな時、それを自然に受けいれられるような社会であってほしい。そんな社会をつくるための練習をするところが学校だと考えると、**変わらなければならないのは教員のほうかもしれません**ね。

［生徒のことで困っています］

マスクの着脱問題、どう考えればいいでしょう。

Q 中学校3年生の学級担任です。マスクの問題で困っています。私のクラスには軽い発達障害の生徒が1人いて、授業中突然マスクを外して大きな声を出すことがあります。周囲の生徒はこれに対して結構きつく批判します。この間もマスクしないなら教室から出て行けと言った生徒がいて、彼はどうしていいかわからず、椅子を蹴って教室を飛び出してしまいました。今まで何度かこんなことがありましたが、最近は欠席することが多くなり、保護者も心配して相談に来ています。じゃ君だけマスクしなくてもいいからとも言えず、出て行けと言った生徒の指導もできていません。校内は100％マスク着用ができているので、他の先生方にも言いにくい状況です。何かいい方法ありませんか。（某区・36歳）

A 2023年5月から新型コロナは5類へ移行、3月13日からマスク着用は緩和されました。マスクの着脱は基本的に個人の判断です。ということなのですが、学校ではそう簡単ではありませんね。生徒の中にはマスクを外すなんて考えられないという人もいます。コロナ以前にもわずかにいましたが、マスクを着けることで心の安定がはかれるという人が増えているのかもしれません。**これから学校は、マスク、非マスクが混在することで起きる問題に対処することになる**のでしょう。

その前に少しだけ質問に答えましょう。校内100%着用、すごいですね。学校はいったんやるとなれば、徹底しなければというところがあります。消毒にしても机、いす、ドアなどを毎日消毒していたら手が荒れてしまったという先生の話も聞きました。1日に何度もするそうです。マスクも徹底していて、忘れた生徒にはすぐに渡せるように準備してある。模様や色のついたマスクは禁止という話も。そうして徹底すればするほどいろいろ齟齬が出てきます。

あなたのクラスの軽い発達障害と言われる生徒ですが、よく我慢しましたね。私も1日中マスクをしていると叫びたくなります。きつく対応するほかの生徒もたぶん同じだったのではないでしょうか。自分たちだって外して大きな声を出したいのに、どうしてアイツばかりという思いがあるから彼にきつくあたるのでしょう。発達障害の人たちの中には感覚過敏のためマスクができないという人たちがいます。そのほか脳の障害、皮膚病、呼吸器の病気をもっている人たちもマスクを着けるのが苦しいと感じる人たちが多いようです。

質問では省略しましたが、あなたはそういうことについてクラスで説明したのですね。でも、生徒にはなかなかわかってもらえなかった。たぶん、それは着用100%という言葉、**強い同調圧力の空気が校内に充満**していたからではないでしょうか。私たちだってマスクを外すのを我慢しているのに、なぜアイツは同じ我慢ができないのか。それにアイツが大きな声を出せば感染が広がるかもしれない。正しいことを言っているのに、アイツが学校に来づらくなっていると言われると、自分たちが悪いことをしているように思われる。中学生だとこんなふうに考えているのかもしれません。

さて、マスクの着用は感染予防にどれほどの効き目があるのでしょうか。マスクをしていても感染した人はたくさんいます。あなたの学校でも感染した生徒がいたと思います。マスクはある程度の感染予防にはなるかもしれないけれど絶対ではないということですね。それに給食の時は外すわけですし、給食時間外でも外したいときはおしゃべりをしないことが守られれば、はずすのはＯＫですよね。感染も予防も０か１００かではなく、程度の問題と考えればいいのではないでしょうか。

マスク着用は主体的判断でなどと政府は言っていますが、その政府自体がこの3年近く専門家に依存して右往左往、主体的判断ができてこなかったことをどう考えているのでしょうか。３密もマスク警察もオンライン授業も、今一度このコロナ禍で起きたさまざまなことを振り返り、考えてみる必要があるのではないでしょうか。

最後に私の友人岡崎勝さんの言葉「**子どもは3密の中で育つ**」を掲げます。この視点に立てば、マスク非マスク混在の時代を、学校はなんとか乗り切っていけるのではないでしょうか。

［生徒のことで困っています］

いじめの訴えがあったとき、担任のやるべきことは？

Q　教員志望の学生です。中学時代、かなり激しいいじめに遭ったことがあります。私は動作が遅く、話すのもゆっくりなので、周りからからかわれ、カバンをたくさん持たされたり、プロレスごっこの標的にされました。明らかにいじめだったと思うのですが、担任は「私にも原因がある」と言って、何度も私を呼び出し、「もっと胸を張って堂々と生きろ」とか、「強くならなければだめだ」などと指導されました。もちろんいじめた生徒のほうにも指導はしたようですが、「私のことをもっと面倒を見てやれ」的な指導で、結局、しつこいいじりがずっと続きました。教員になったとき、私のような目に遭う生徒を出さないようにしたいと思っていますが、先生はこの先生の指導をどう思いますか。（４回生・教員志望）

A　つらい経験をした人が、あえて教職の道に進もうとしていることに敬意を表します。担任の先生の対応について考えてみましょう。

まず担任の先生が、あなたにもいじめられる原因があるとしたことについて。いじめは人と人との関係の中で起きるものです。そしてその関係は相対的なものです。あなたが別の学校やクラスで同じようにいじめられるかどうかはわかりませんね。あなたの特徴に嗜虐的な関心をもつ人が何人かいれば、それはいじめになり、いなければ何も起こりません。あなたの特徴は、いじめの十分条件ではありますが、必要条件ではありません。

一方、いじめている側の何人かの嗜虐的傾向は明らかにいじめの必要条件ということになります。いじめが起こるためには、あなたの特徴が必要なときもあればそうでない時もある、しかしいじめた彼らは絶対的に必要なわけです。そう考えると、**学級担任があなたを呼んで、あなたに変容を促すような指導をしたのは、明らかに間違い**ということになります。もしあなた自身が変わろうとする時があるならば、それはいじめられたからではなく、あなた自身が自ら変わりたいと考えた時であるべきです。

担任の先生の言葉は抽象的で具体性がありませんが、強くあなたに変容を求めるなら、具体的な方法を示すべきです。**どうすれば強くなれるのかを示し、その結果にまで責任をもつべき**ですが、こういう先生は、たいていは口だけの励ましで終わります。

いじめた生徒への指導の中身をみても、残念ですが担任の先生はいじめを真剣に捉えようとしていないようです。私にはクラス内の陰湿ないじめを放置したまま、多数派に迎合しているようにみえます。あなたを何か劣った存在とみなし、それゆえにいじめられるのだから、多数派に対しては、面倒を見てやれという言い方で「ほどほどにしろ」「手心を加えろ」といったメッセージを暗に送っているように思えます。いじめは続いていくはずです。

陰湿ないじめがわかった時、**最初にしなければならないのが、いじめられている生徒の安全を守ること**です。複数の教員の目がいつもその生徒に向けられ、いざというときは避難させ安全を確保することが第一ですが、いじめている側はこれに敏感に反応します。教員がかばえばかばうほど、見えないところでいじめようとします。いたちごっこの様相を呈することもありますが、そこで負けてしまえば、いじめられている生徒は守れません。いじめから逃げるより一緒にいたほうが楽という心理も働きますから。

いじめている側がグループの場合、**なるべく早く個別に対応**します。いじめている側の心理は一様ではありません。最も中心にいる生徒から入るか、それとも傍観者に近い生徒から対応するか、その時々の判断になります。理想は、いじめをなるべく早く察知し、保護者も含めて短時間で指導を終わらせることです。そして**再発することをつねに念頭に置いておくことです**。

うまくいかないことはもちろんありますが、学校の中では、いじめはいくつも解決されているものです。もちろんその必要条件は、**教員同士がうまく連携がとれていること**ですが、それには先生たちと生徒との穏やかな関係が日常的に維持されていることも大切です。

ここまでが通常のいじめに対する対応ですが、いじめについては2013年にいじめ防止対策推進法という法律ができています。法律によっていじめとは何かを規定し、いじめ重大事態の概念を定め、発生時のそれぞれの部署の動き方や、事案に対する対応の仕方などを調査する第三者委員会の設置など、いじめは学校の中だけで解決するものではなくなってきています。

しかし、**法律によっていじめは粛々と解決に向けて動いていくかというとそんなことはありません。**いじめの規定ひとつとってもなかなか確たるものとはなっていませんし、行政や警察などの外部機関との連携も簡単ではありません。第三者委員会に至っては、いったん作られたものが機能せずに新たにつくられるといったことも起きています。

あなたが**教職に就けば、かならずいじめの問題に突き当たるはず**です。人が群れれば、その中でさまざまなぶつかり合いが生じます。それが切磋琢磨となり、良い関係が築ければいいのですが、一方的ないじめとなることもあります。そういう意味ではいじめがなくなるということは、たぶんありません。いじめ撲滅といわれますが、**誤解を恐れずに言えば、いじめから何を学ぶかが大切**ではないかと思っています。

健闘を祈ります。

第2章

保護者の／からの困りごとがあります

［保護者の／からの困りごとがあります］

うるさ型の保護者が「評定を変えろ」と言ってきました。

Q　遅くにすみません。実は、2学期の成績のことでちょっと聞きたいことがあって。ええ、私、中3の学級担任なんですが、今、進路面談中で、それで……。学年主任にね、美術の方なんですけど、保護者から成績のクレームがありました。その生徒、前期の終わりに転校してきて、ええ、関西からですが、前の学校での成績よりずいぶん下がったと。娘は今まで以上に勉強しているのに「主体的に学習に取り組む態度」がBなのはどういうわけだ、態度も意欲も前と変わらないのに、学校が変わると評価が変わってしまうのかって。きつく言われて学年主任は「それじゃ、少し考えましょうか」って言ってしまったもんだから、その親、じゃあ観点だけじゃなく段階（評定）も変わるんですねって。そのうち、おかしいのは美術だけじゃない、他の教科もおかしいということになり、私のところにも来て同じ理屈で責めるんですよ……。私は社会科なんですが、その子を見ている期間が短いし、でもまあテストはできていました。「主体的に学習に取り組む態度」の項目は、材料が少ないし、指示した提出物も何度も催促をしても出さなかったのでB、「知識・理解」と「思考・判断・表現」はテストの点数がかなり良かったんで両方Aにしたんです。それで評定は「4」。でもその親は、どうして「主体的に学習に取り組む態度」がBなんだと。娘はこっちのやり方っつうか、方式がわからず悩んでいて、提出物を出しそびれたんだと。で、この項目がAになれば評定も「5」になるんです。他教科の先生たちも結構攻撃されて評定、そっと変えたりしているらしいんですよ。先生、こういう場合、どうすればいいんですか。え? 校長? 知ってるんだか、知らないんだか……3月で定年退職って話で、あんまり関心ないみたいですよ。主体的に取り組む態度はもうCですよ。(某区・中学校・35歳)

A 評価をめぐってはあいかわらずいろいろありますね。校長がうるさ型の保護者に責められ、「変えてやってくれ」と言ったなどという信じられないケースを耳にしたこともあります。

現在の成績は、理念上は目標に準拠した評価ですから、教科ごとの評価基準に基づいて観点別評価を行ない、評定段階を出していますね。ことに中3の入試資料になる今回の成績は皆かなり慎重に検討して出しているもの。あなたのように、提出物も細かくチェックして、出してない生徒に何度も催促して、あとから「知らなかった」なんてことのないようにやっていますよね。

テストの点数の転記ミスとか、提出物を出しているのにチェックを忘れたとか明らかなミスなどないかぎり、成績を変えることは一般的にありえません。今はどうかわかりませんが、横浜では誤記載を避けるために事前に保護者に成績を見せてから正式なものをつくるなんてことをやっていたことがありました。保護者にあとで突っ込まれないように「仮」を見せる。究極の〝クレーム返し〟ですが、そこまでやるのはなんだかおかしいですよね。

しかし、あなたの学校のように一教科が成績を修正してしまえば、保護者は他の教科も変えてもらえると思うのは当然といえば当然のこと。そちらの学年主任のように評価上のミスもないのに個別の事情で「考えましょうか」なんて言ってしまえば、保護者は雪崩を打って「変えてくれ」と押しかけて来るでしょう。そういう例が横浜でも過去に何件かありました。結論から言えば、**いったん出した成績はよほどのミスでない限り、基本的に変えないこと**です。

この問題の要諦は、学年主任のいい加減さではありません。**客観的評価として精度の低い観点別評価の換算値を入試選抜の材料としてしまったこと**にあります。入試に関係なければクレームもなかったはずです。

2002年に導入された観点別評価は、理論的には全国どこの学校でも同じように、あらかじめ設定された目標に準拠して行なわれるわけですから、評価（ここではA・B・Cのこと）が著しく変わることはありえないとされてきました。また、この評価方法は、目標に対して学習内容が概ね達成されていればB、著しく優れていればA、未達成の場合はCという、いわば目標への達成状況を表すもので、評定（5・4・3・2・1）への換算は想定されていなかったわけです。通信簿には、A・B・Cだけが並んでいるはずだったのです。

しかし神奈川県においては入試選抜の資料として5段階評定を排除できず、さらに一面的に客観性を保つために、達成状況の度合いをあらわすに過ぎなかった三段階のABCを、A・A・B・C・Cの五段階にし、Aを5、Aを4、Bを3、Cを2、Cを1と数量化してしまったわけです。その合計値で国語であるならば、5観点の合計で22以上を5、18以上を4……としてしまったのです。学習指導要領の改訂にともなって現在はどの教科も同じ3項目に統一され、合計が14、15が5、11、12、13が4、8、9、10が3という具合に変わりましたが。

こうした方法は、目標に準拠した観点別評価の理念とはまったく相容れないものですが、神奈川県では県内全域でこの方法をとっています（地方によっては、評定を出さずにABCの換算値を資料としているところもありますが、これも換算値を使う点では大同小異です）。

また、本来ならA、つまり達成度の優れた生徒がたくさんいる学校もあれば、Cの割合が多い学校もあるはずなのに、そのまま目標に準拠した評価をすれば、自校の生徒に不利になってしまうと教員は考えます。ですから高め高めの評価となる傾向が強くなります。設定された目標はどんどん緩くなり、いわば下駄をはかせることが当たり前になっていきます。

そうして成績の学校間格差は見えなくなります。面接や学力テスト、そしてこの内申の3つの比率は、高校側によって決められますから、そこでのさじ加減で内申点の比重を軽くすることもできます。客観的に計測できるのは学力テストだけですから、学力の高い生徒を取りたい高校は学力テストの比率を高めます。そのあたりが受験の戦略の難しさになっていきますが、気がつけば**観点別評価の理念はどっかに行ってしまっています**。

２００２年のゆとり教育導入は、それまでの知識を蓄えテストでよい点を取るという競争教育から、自ら学び考える教育への転換を図ろうとしたのですが、その象徴ともいえる相対評価から観点別評価への転換は、結局、入試選抜という競争の前にその理念を換骨奪胎されてしまったというわけです。

とはいえ、あなたは目標に準拠した形で一貫した観点評価をしたわけですから、あなたがもしその子の観点や評定をクレームで変えたとすれば、あなた自身の一貫性を失うばかりでなく、他の多くの生徒の信頼を裏切ることになります。周囲の動きが気になるかもしれませんが、ここは目の前の保護者ではなく、あなたの授業を受けてきた生徒らに対してせめてもの教員の誠意を保つべきではないでしょうか。

［保護者の／からの困りごとがあります］

つい大きい声で叱ってしまい、親から強いクレームを受けています。

Q 先日、昇降口の掲示板にいたずら書きをしている生徒を見つけました。ちょこちょこしょうもないいたずらをする生徒です。「おい、何しているんだ」と声を掛けたら、私の顔を見ながら「見てわかんねえのかよ」とにやにやしながら言いました。私は思わずキレて「ふざけるな。やっていいことと悪いことがあるだろう」と大声で怒鳴りつけました。生徒はびっくりして、その場ですぐにすみませんと謝りましたが、放課後、この件で母親から大変な剣幕で抗議の電話がありました。概略はこんな感じです。うちの子は「何してるんだ」と訊かれて「見ればわかるのに、先生は何聞いてんだろう」と思って「見ればわかるでしょ」と言っただけだと。それなのに大きな声で怒鳴られてすごく怖かったと。明日学校へ行きたくないと言っている。もしうちの子が学校にいかなくなったら先生のせいですから、と。

悪いことをしていたから注意しただけなのですが、どうもこちらの気持ちがうまく伝わってないようなので、「本人にちゃんと話したいので電話口に出させてください」と言うと、「先生とは話したくない」と言っています、「とにかく威圧的に大きな声で怒るのはやめてほしい、静かに言ってくれればうちの子はわかりますから。明日学校へはちゃんと行かせますから、今後は気をつけてくださいね」と言うので、「はい申し訳ありませんでした」と答えてしまいました。次の日、その生徒は何事もなかったように学校に来ていました。もやもやしたものが残っています。私はそんなに悪いことをしたのでしょうか。（旭区・中学教員・29歳）

A

母親の電話では、問題のとっかかりであったいたずら書きは最初から問題にはならず、あなたの注意の仕方に焦点が据えられています。先生の注意の仕方が悪かったから息子は怖がっているし、学校へ行きたくないと言っているということですね。息子はいつのまにか**いたずらの張本人から被害者に**なっています。さらに、息子がもし学校へ行かなくなったらどうしてくれるという恫喝？　攻めどころを心得ているというか、**けんか慣れしているお母さん**ですね。

一徹な教員なら、ムッとして、いたずら書きをしていたことを中心に引き戻そうとします。あなたのお子さんが掲示板にいたずら書きをしていたから私は注意をしたんです。いいですか、これ、忘れないでくださいね。次に、お子さんは「見ればわかるでしょ」とは言っていません。「見てわかんねえのかよ」と言いました。私ははっきり憶えています。それを聞いてお母さんがおっしゃるように大きな声で怒鳴りつけたんです。

母親は言うでしょう。「ですから、先生が威圧的に怒鳴りつけたから息子は怖がってしまって、学校に行きたくないと言っているんです。穏やかに注意をしてくれれば何も問題はなかったんです。そうすれば息子も納得して素直に謝れたと思います。どうしてそうしてくださらなかったたんですか？」

また問題は引き戻されました。一つの事実しかないはずなのに、事実のどこを焦点化するかで双方の主張が食い違う。このまま水掛け論となった段階で、一徹教員は負けということになります。

ではあなたの対応でよかったかと言うと、一徹教員よりはいいかもしれませんが、もう少し工夫がほしかった。

興奮してまくしたてている人に対し「そうじゃないだろう」と返すと、さらに燃え上がるものです。私なら「**電話では何ですから、こちらからお伺いします**」と言います。顔を見ずに電話でやり取りを続けると、微妙な表情の変化が見えないので、かえって対立を深めてしまうことがあります。かと言って、じゃ来てほしいということにはならない場合が多いもの。

実際に電話でクレームをつけてきた父親に「これから伺います」と言ったら「いや、こっちが行く！」と返されたことがありました。やんちゃ系のこの父親もそこそこけんか慣れしていたようです。こういう場合、来られるより行くほうが少しだけアドバンテージが取れることを知っていたのでしょう。この時は、私のほうが「いや、すぐ行きます」と言っておいて電話を切り、ほんとうにすぐに行きました。ドアを開けて顔を合わせた時、「なんだ、センセ来たのか」と言われましたが、話はすんなり進んだことを覚えています。

電話で長々とやらずに出かけていくことの意味は、この問題を軽く考えているわけではないというメッセージ、本気度を示すことと、互いに少しクールダウンの時間が取れるところです。まず顔を合わせて、生徒を間において三者で事実関係を確認、あなたのほうから大きな声を出して悪かったなとひとつ譲って、いたずら書きはもうダメ、注意されたら素直に謝る、のふたつをとるといったところでしょうか。

最近では、教員が「こら！」と大きな声で叱ることに抑制的であるべきとの論調が強いようです。みなが穏やかな口調で子どもたちを説諭するようになったのでしょうか。むやみに大きな声で恫喝し生徒を委縮させるのは論外ですが、本気で怒るときに声が大きくなるのは自然なこと。それに怒りを抑えて叱ろうとすればするほど、理屈っぽくなって話が長くなるものです。大きな声で一喝して、あとを引かないという叱り方もあってもいいと思うのですが、そういうのって、もう時代に合わないのでしょうね。

［保護者の／からの困りごとがあります］

娘の担任が頼りなく、クラスはバラバラ。娘は「学校、つまんない」が口癖です。

Q　ご無沙汰しています。臨任時代はたいへんお世話になりました。いつも『横校労』送っていただき、ありがとうございます。実は中2の娘の学級担任の先生のことで相談したいのですが。

正規の先生になってまだ5年目の男性で、30歳ぐらいでしょうか。臨任を何年かされていたというので、私としては他の先生より親しみを感じていました。（略）クラスの中がバラバラで、なんというかご自分の方針みたいなものがないというかはっきりしないようです。娘に言わせると、やると言ったことをやらない、わかった、わかったとは言うそうですが。一部のやや乱暴な男子数人が何でもやりたがりで、先生のほうもいつも彼らに押し切られてばかりのようです。文化祭の係決めや委員決めなども、他にやりたい生徒はいるのですが、彼らの無言の圧力で手を挙げられないのだとか。初めは娘も楽しそうに通学していたのですが、最近では「学校、つまんない」と口癖のように言います。保護者の中からも不満が上がりはじめています。私は娘の前では先生の批判はしないようにしているのですが。そういうご家庭ばかりではないようです。こういう場合、何かいい手立てはないものでしょうか。（都築区・母親　41歳）

A　あなたもご存じのように、こういった教員と生徒との不和、**クラスがうまくいっていない話は、職員室では話題にしにくい**ものです。表面化するのは、学年全体で取り組まなければならない課題が出てきたとき、うまく歩調が取れないことから、初めて「どうなってるの？」ということになります。かといって学校、教員の文化では、たいていみながカバーしてちいさな「ほつれ」を大きくしないように、いわば「もたせる」方向に向かうものです（最近は違うよという声もありますが）。そのなかで、当該の先生がそのカバーに気づき、自分で仕切り直しに取り組むこともあります。でも厳しい言い方ですが、それはまれで、「もって」しまったことに安心して、あぐらをかくとまでは言いませんが、無策のまま時間を浪費する人が多いようです。気づかないというか気づけないんですね。**ほおっておけばそのまま学級崩壊状態に**なっていきます。いったん崩壊してしまうと修復はむずかしいのが現実です。

ただ、学級崩壊が小学校に多く、中学ではさほど言われないのは、他の教員が常時授業でクラスに出入りすることから関係が煮詰まりにくいことと、今述べたような学年全体でフォローしあうような文化があることによるのではないかと私は考えています。学級崩壊がないのではなく、表面に現れにくいのですね（これも最近は違うよの声あり）。

しかし教員同士は、それでいいのですが（よくはないのですが、とりあえず）、生徒はそうはいきません。娘さんのように生真面目な生徒が「つまらない」を連発していれば、ふしぎに中心になっている男子からも不満が出てきます。そのうちに生徒のやっているいい加減なことの原因が学級担任に求められ、逸脱行為はさらに増えていきます。いつしか「早くクラス替えになんないかなぁ」という空気がクラスを包み始めます。なんでも放縦にやりたい放題が楽しいときもあれば、一方で「しばり」や「枠組み」のようなものを求める**アンビバレントな心情が、中学生のあたり前**です。教員の側からすれば、**自分なりの枠組み**をつくらないと、クラスは決壊していきます。若いうちにこのあたりで生徒とさまざま格闘した教員ほど、ゆったりとした枠組みをもっているようです。

教員に限らず、人間は、案外同じ行動パターンをとるものです。発想が豊かでつねに新しいものをつくりだしている人も、そうでない人も、よく見てみると行動に一つのパターンがあり、同心円を描いていることが少なくありません。自分のことを考えてみるとよくわかりますね。

この先生もたぶん今まで何度も同じことを繰り返してきているはずです。だから気づいてはいるのでしょう。でもどうにもならない。もしかしたら今のやり方でそこそこうまくいったことがあったのかもしれません。だから彼はあえて自分を変えようとしないし、変わろうともしません。うまくいかないのは、今のクラスの生徒がおかしいからだ、この子たちでなければうまくいくのにと考えているのかも知れません。もちろん他の先生のフォローも、受け止められているとは言い難い。

そこで**保護者の立場からどうすればいいか**ですが、2、3人の保護者と先生で、理念や教育論はべつとして、クラスの具体的な出来事についていっしょに考える**非公式のおしゃべりの会**を設定してみてはどうでしょうか。

そこでは批判がましいことは言う必要はありません。本人はわかっているはずですから。保護者の視点から真剣に期待を込めて「今、娘たちはかくかくしかじかのことで困っている。前向きに生活できるように先生には具体的な手だてをとってほしい。私たちにできることはやるので言ってください」ということを、その先生とできればもう一人先生に入ってもらって4、5人で話すのです。この際、管理職はNGです。かえって話を面倒にしてしまいます。できれば担任の先生が信頼している先生がいいと思います。

すぐに何か効果が出ることはないかもしれませんが、担任には、保護者が自分を批判的に見ているのでなく、一緒に考える姿勢をもっているということが伝わればいいのではないでしょうか。それでわずかでも担任の先生の変化が見えればしめたものです。**中学生は大人より人の変化に対して案外寛容**なもので、担任の先生が前向きになれば、必ず何人かの生徒はそれに気づきついていこうとするものです。

それでも何の変化もなければ、次の段階ですが、それはまた今度に。

［保護者の／からの困りごとがあります］

娘が保健体育の先生と言い合いになって、不登校になってしまいました。

Q　中1の娘のことです。娘は小さいころからアトピー性皮膚炎で、いろいろな治療をしてきたのですが、季節によっては学校を休みがちになります。からだを動かすことは好きで、体操の授業は休みたくないと言います。相談したいのはその体操の先生（女性）のことです。昨日の授業、バスケットボールをやっているときのことらしいのですが、チーム決めの授業を休んだ娘は、仲良しグループと別の班に入れられていました。娘に言わせると「ガーン」だったそうですが、悪びれずに一所懸命やっていたそうです。でもなかなかゲームに出してもらえず、出てもボールが回ってこない。それで途中で先生に言いに行ったんだそうです。そしたら大きな声で「君がチームワークを乱しているんじゃない？　そんなんじゃ技術が高くても成績は下がるよ！」と言われたそうです。口が上手な子じゃないので、そのとき、つい「先生、試合、見てないじゃん」という内容のことを言ってしまったそうです。そうしたら「なんだよ、その言い方！　おまえなんか試合に出る資格なんかないよ！」と言われたそうです。娘は帰ってきて「学校へ行きたくない」と言い出し、今日も登校していません。娘にも落ち度があるのはわかるのですが、このまま学校に行かない状況が続くのではと心配です。どんなふうにして、学校側と話し合いをしていけばいいのか、アドバイスをお

願いしたいのですが。（匿名・母親）

A　体操の先生ではなく、保健体育の先生ですね。その先生、今頃、あんなふうに言わなければよかったなと後悔しているかもしれません。**早めに話をしたほうがいい**ですね。

技能4教科の教員は、国語や英語などの5科目の教員と違ってクラスあたりの授業時間数が少なく、その分たくさんの生徒を見なければなりません。学年4クラスぐらいの学校だと、全学年全クラスの生徒を受け持つ教科もあります。そうなると400人以上の生徒に成績をつけなければなりません。他学年の授業などではふだんから生徒と顔を合わせることがないため、時に気持ちがすれ違ってしまい、トラブルになることがあります。

問題点を整理してみましょう。初めの娘さんの言い方がどんなものだったかは、メールではわかりませんが、先生は、かなり失礼な言い方と受け取ったようですね。中学生というのは、大人との距離感がまだうまくつかめず、大人に対して時に大変に失礼な言い方をしてしまう生徒も少なくありません。私もムカッ腹がたつことがよくありました。ただ、それをストレートに受け止めて直反応してしまうのは大人げないですね。この場合「わかった。ちょっと注意して見てみるからね」とまず、娘さんの言い分をいったん受けとめるべきでした。話を受けとめず成績のことを持ち出したのは、まずい対応でした。この点は先生のほうのミスです。

もうひとつ、娘さんの状況について教員同士の情報の共有がされていたのかどうか。特に心身の問題を抱えている生徒については、学級担任、養護教諭などと連携をとり、情報を共有しているのが一般的です。そちらの学校ではそうした連絡体制がうまくいっていなかったのかもしれない。少なくともその先生のアタマの中には娘さんについての情報はなかったか、本人と結びついていなかったかのどちらかです。

さて、**具体的な手立て**ですが、**まず学級担任に事情を率直に伝えて**みてください。学級担任だけでなく、生徒指導や学年主任の先生が、保健体育の先生との間に入ってくれることもあるでしょう。その先生がお母さんのお話を上手に整理して、落としどころを見つけてくれればＯＫです。

ここでの目的は、娘さんと先生の間の気持ちのすれ違いを解き、互いにまずかった点を確認したうえで、娘さんが今までのように登校、授業が受けられるようになることです。どう話しても伝わらない、わからんちん先生も中にはいますが、先生のほうに「もう少し気をつけて対応すれば……」という気持ちがあるならば、誰かが間に入ればうまくいくはずです。一番困るのは先生のほうが、親から抗議されたからとりあえず謝っておいた、で終わることです。気持ちの上で互いにすっきりしないものが残ると、あとあと引きずってしまうものです。そこは学校側の誠意に期待するしかありません。

私は、これは**基本的に教員の側の対応の問題**ととらえていますが、**娘さんも失礼な言い方について率直に謝る姿勢が必要**です。お母さんには、トラブルをトラブルで終わらせず、人と人との関係は簡単に築けるものではなく、時に血も涙も出ることもあることを娘さんに伝え、**トラブルが少しでも成長の糧になるように**もっていってあげてほしいと思います。

［保護者の／からの困りごとがあります］

夏休み明けあたりから不登校になってしまいました。私の育て方のせいでしょうか。

Q 中１の男の子の母親です。入学当初は休校が続き、６月ころから分散登校するようになりました。半分の人数で勉強できるのがうれしいようで休まず登校していたのですが、夏休み明けの一斉授業になったころから行き渋るようになり、10月からはまったく登校していません。小学校５年の時、１カ月ほど休みましたが、それ以来のことです。今のところ、昼夜逆転にはなっておらず、家の中は私服で過ごしています。下に妹がいますが、休まずに毎日登校しています。２人とも同じように育ててきたのですが、上の子にはお兄ちゃんなんだからと、いつも我慢させてきてしまったかもしれません。夫が在宅勤務でうちにいますが、２人ともあまり口をききません。朝夕とも食事は別です。私は、このままずっと学校に行かなくなってしまうのではと心配で、最近はよく眠れません。（某区・母親）

A ２０２０年は、入学式もそこそこに学校は休校になりました。４月は、本来なら授業や生徒会活動、部活動などのオリエンテーションが行なわれるのですが、そうした活動はほとんどが中止になってしまいました。そして厳戒態勢？の中、そろそろと始まったのが分散登校。

午前と午後に分けられ、授業は半分の人数。中学での初めての授業としては少し物足りないなと思った生徒もいたかもしれませんが、半分の人数で新鮮だったと受け止めた生徒もいたと思います。先生たちもコロナ禍のためにいろいろな業務が増え、必然的に授業も倍になりましたが、こんな経験はやはり初めてで、一人ひとりがよく見え穏やかな気持ちで授業ができたと言う先生たちもいました。

お子さんは一斉授業のころから行き渋るようになったとのことですが、一斉授業が原因かどうかはわかりません。というのもコロナ禍前でも、夏休み明けから不登校になる生徒は少なからずいたからです。

さて、お母さんは心配で眠れないとのことですが、お気持ちはお察しいたします。ただ、あまり心配し過ぎるのはよくないですね。お子さんからすれば、お母さんが元気がないのは自分が学校にいかないから、自分が行けば元気になるかもしれないけれど、今はどうしても行けないというディレンマに陥ることもないとは言えません。

不登校となるきっかけはたくさんあります。お子さんのように授業形態の変化かもしれないし、友達関係に何かあったのかもしれません。先生との相性が悪いこともあるかもしれません。でも、一つひとつが改まればまた学校に出てくるようになるかというと、そうとも言えません。それらは**原因というよりきっかけにすぎない**からです。

私のクラスにもたくさんの不登校の生徒がいました。多くの生徒が中1からの不登校で、そのうち何人かは保健室や相談室登校を続け、卒業していきました。また何人かは、夕方に登校し、部活動だけに参加したり、教室で1時間ほど勉強して帰っていくという生徒もいました。学校の裏門で話をして帰るという生徒も。

まったく登校しない生徒もいました。そういう生徒の場合は、適度に間をおいて、そうですね、週に1度とか10日に1度くらいの間隔で家庭訪問し（家が近い時は1日おきという生徒もいましたが）、おしゃべりや散歩をしました。顔を見せないという生徒は、私のクラスではいませんでした。中には、中3になって登校するようにはなりましたが、すぐにフリョーグループに入り、数々の逸脱行動を繰り返し、卒業していった生徒もいます。逆にフリョーグループから離脱したために不登校となってしまった生徒もいます。

お母さんのなかには「自分が〇〇したせいで……」と自分の子育てに原因を求める方が何人もいました。でも、同じことをしても不登校にならない生徒はいくらでもいます。ですからそれは原因でもなんでもないということです。

いつのころからか私は、**原因を考える必要はないのではないか**と思うようになりました。不登校だった卒業生と話すと、不登校になったきっかけは憶えていますが、どうして不登校を続けたのかは、よくわからないと言います。からだが動かなかったとか、みんながいるところが嫌だったとは言うのですが。

私が見ていて感じるのは、**充電に時間のかかる人とそうでない人がいる**ということ。だれしも、朝、起きて動き出すためのエネルギーが必要です。このエネルギーがすぐに充電できる人もいれば、充電に時間のかかる人もいます。どうして？　ということではありません。あえて言うなら、人間はそうしたものだし、そうした人がいる、と言うしかありません。

ではいつ充電が終わるのか。これは本人にも周囲にもわかりません。ある日突然充電が終わることもあれば、結構な時間がかかることもあります。

そこで周囲ができること。**慌てず充電が終わるのを待つこと**。中学生から一生ひきこもる人はまずいません。充電はいつか終わります。ですから私はお父さんやお母さんに、気に病まないで気を揉まないで、いつもの生活をしてくださいとか、自分たちの楽しみも続けてくださいねと言います。どうして行かないんだろう、このままではだめなんじゃないかという思いはあるかもしれませんが、いくら自問自答しても本人の充電にはつながりません。

また学校に行っていなくても、子どもたちはどこかでつながっているものです。学校で会わなくても、近くの公園で会って話したりすることもあります。今はみなスマホをもっていますからＳＮＳでつながっていることも多いようです。ですから、学校に行っていないんだから**外出はダメというのはなしに**してください。それから、おしゃべりはたくさんしてください。将来のこととか高校はどうする？　なんてことではなく、**明日になったら忘れてしまうようなおしゃべりを**してください。すると、まだまだ子どもだと思っていたのが、こんなことも考えてるんだというのがわかるはずです。学校に行っていなくても、育ちぶりって見えるものです。

お父さん、あまり口を利かないようですが、同じ屋根の下にいるのですから、昼休憩には同僚と食事に出かけるように、息子とも外食に出かけるのもいいですね。自分の気分転換をするように。

第3章

「がっこう」という文化は困りごとがいっぱいです

ベテラン校長の「子どもたちのために」という言葉に、つい説得させられてしまいます。

Q 小学校の教員です。先日、残業のことで学年主任とぶつかってしまいました。というのも、12月の学年会だったんですが、いつも何時までやるとか何時間かかるという話がなくてだらだらとやってて、この間は会議終わったら成績の点検をするというんです。つい「毎回、どうしてこんなに遅くまでやらなければいけないんですか。せめていつ終わるか、何時間やるかはっきりさせてほしいです」。学年主任は「やることがあるんだから仕方がないでしょう。それにそういうことは私に言わずに校長に言ってください」ときつい口調で言われました。それで私も後に引けなくなってしまい、校長のところに行きました。そうしたらうちの校長、女性なんですが、黙って私の話を静かに聞いてから、こんなふうに言うんです。

「いいですか、先生。どの先生方も家庭のことなどさまざまご事情を抱えています。それでも毎日、子どもたちのために懸命にがんばってくれています。先生もそうですよね。あらためてお礼を言わせてもらいます。ありがとうございます。で、これは私からのちょっとしたアドバイスなんですが、聞いていただけますか。いや先生がどうのというお話ではありませんよ。私が申し上げたいのは、労働時間とか勤務時間とか、そういうことばかり考えていると、一番大切な子どもたちのために私たちになにができるか、ということがおろそかになってしまうということなんです。先生のような将来を嘱望されている若い先生が、これからの学校を支えていくのですから、そのあたり考え違いをなされないように。もちろん先生がいつもよく頑張っていらっしゃるのは私、よくわかっています。私もそこはしっかり見ているつもりです。ほら、職員室って家庭というか家族のようなところがあるでしょう。それぞれの立場で皆さん頑張っているんですよね。私は、お母さんのような気持ちで先生を見ているんですよ。まあ、この話は見かけ通り老婆心からのお願いなんですけどね、ははは。何が大事かよくお考えになってね、先生」。

まあだいたいこんな話だったんですが、私、ちょっと恥ずかしいんですけど、聞いててつい涙が出てしまいました。話の矛先、ずらされているなってわかるんですが、30歳近くも離れたほんとに母親のような歳の校長にあんなふうに優しく言われるとダメなんですよね。でも、うちに帰ってよくよく考えてみると、やっぱり納得がいきません。どうしてこうなってしまうのか。これってどう考えればいいのでしょうか。(某区・小学校教員・29歳)

A まず「子どもたちのために」ですが、この言葉は学校では殺し文句。私はひねくれ者なので、昔から**学校で「子どもたちのために」が出たら眉唾!**と思うことにしています。学校は子どもがいなければ成立しないところですが、教員の仕事は子どもにかかわるものだけではありません。たくさんの事務作業や多岐にわたる雑務がありますから、いつも「子どもたちのために」とばかり言っていられない時もあります。それに「子どもたちのために」って、おまじないの言葉のようで、現実の子どもたちをイメージしないで使っているようなところがありますね。

職員会議の議論（今はあまり議論などないかもしれませんが）などで、提案に関していろいろ問題が出てきてしまい、議論がしっちゃかめっちゃかになってしまった時などに、校長が立ち上がり「いろいろご意見はございましょうが、ここはひとつ先生方には子どもたちのためにということを一番に考えていただいて……」などと発言。すると今まで生き生きと？していた「いろいろな問題」は急に色あせてしまう。「子どもたちのために」には**「議論は終わりだよ」のメッセージが含まれている**ようなのです。「子どもたちのために」は**教員の思考を停止させる魔法の言葉**かもしれません。

それからもう一つ**「家族」とか「家庭」**。会社（職場）は一つの家庭であって社員は家族のようなもの、チームは家族のようなもの、クラスは家族のようなもの……。かつては国は一つの家族のようなもの、天皇陛下は……もうあまり使われないとは思いますが、こんなアナロジーが何十年も経って、ひょっこり出てくることがあります。

家族といっても、「あなたはここのお父さんなんだから」とはあまり言われません。たとえられるのは子どもの立場が多い。家族（会社）には厳しいけれどふところの広い父親（社長やリーダー）がいて、細やかな気遣いをする温かい母親（有能な補佐役）がいて、そういう厳しくも温かみのある家族に守られているのだから、あなたは自分の立場をわきまえてしっかり奮励努力しなさいという文脈で語られます。かつて国民は赤子（せきし）などと言われた時代もありましたね。

でも現実には、ちゃぶ台ひっくり返して片づけずに出て行ってしまう父親もいるし、父親の足を平気で引っ張る母親もいます。きょうだいげんかの絶えない家族なんてごまんといます。家庭も家族もみな一様ではありませんし、いろいろなあり方があってそれでいいのです。

それなのになぜ家庭や家族にたとえられるのかと言えば、**集団を一つにまとめ、一定の方向に向かわせるのに好都合**だからです。しっかりとまとまった小さな無数のユニットの集まりが、大きな目的のために邁進する、そういうイメージでしょうか。別の言い方をすれば、**異論を許さない強固なまとまりをもつ集団をつくりたい**ということになります。子どもたちのために働く家族のような集団が、学校という職場に求められていることになります。そこでは、時間外勤務のことや休憩時間が取れない、年次休暇が取りにくいといった**「いろいろな問題」は、「子どもたちのために」という崇高な目的の前には些末な問題になってしまいます。**あなたが「納得がいかない」と思ったのは、そういうしくみを無意識に感じとったからではないでしょうか。

国や文科省は、ことあるごとに「家庭（家族）の重要性」について国民に語りかけます。昨年新たに設置されることになっていた子ども庁が子ども家庭庁に変わったというのもその一つ。家庭とか家族という言葉について今の政権はとっても敏感です。安倍元首相暗殺の裏には、脈々と続いてきた何代にもわたる政権と旧統一教会の強い親和性がありました。旧統一教会は「世界平和統一家庭連合」と名前を変えたことも象徴的ですね。

校長室での校長のお話は、こうして今の社会と密接につながった面をもっていること、わかっていただけたでしょうか。**「納得できない」ことは重要**なこと。教員は職業人として市民として「いろいろな問題」にしっかり向き合うことが大切です。

「体罰」問題で、腑に落ちないことがあります。

Q ご無沙汰しています。いろいろありますが、どうにか続けています。来年は6年生をもつことになるかもしれません。話は変わりますが、先生も読まれたかもしれませんが、小さな記事だったので見落とされているかも、と思い同封します。どうしてかこの記事が気になって仕方ありません。体罰がいけないなんて、今じゃ当たり前のことなのにねえと先輩の先生はいうのですが、私はすっきりそう思えないんですね。わかるっていうんじゃないのですが。先生だったらどう思うのか聞いてみたくて手紙を書きました。暇なときでいいので、ご意見聞かせてください。（東京都・小学校教員・26歳）

A そういうふうにいつも引っかかりをもつところが、あなたのおもしろいところでしたね。短い記事でしたが、私もこの記事を読んだ時、違和感がありました。**経過**を少しまとめてみましょう。

横浜北部の小学校。3学期が始まった1月7日に産休代替で赴任したばかりの臨時的任用職員の女性の先生、5年の学級担任。8日の授業で大根の観察に畑へ行く途中、一部児童が校庭で遊び始めて集合が遅れたことに腹を立て「みんなにも責任がある」と、全員の児童のほおを両手で挟むようにして叩いた。午後に保護者が学校に連絡。教諭は「連帯責任として全員を叩いてしまった。騒がしかったので早く立て直したいという焦りがあった」（教諭談話）、「児童と保護者に大変申し訳ない。教諭全体で体罰についての研修をし、再発防止の徹底を図りたい」（校長談話）。

あなたのところの先輩の先生が言うように「体罰がいけないなんて今じゃ当たり前」だし、しつこく研修もしているよね。だからというか、それなのにというか、**私の違和感はどうしてこの先生がそこまでしなければいけなかったのかな**ということでした。赴任して2日目、クラスの児童の顔と名前もまだ一致していないのに、全員のほおをたたくというのはいくら何でも乱暴。でも現にコトは起こってしまった。

ここで注意しなければならないのは「体罰は禁止されてるのにやっちゃったんだから、この先生はおかしい」で終わってしまうこと。そのいい例が校長談話です。市教委が例文を校長に渡しているんじゃないかと思えるほどのお手本のようなコメント。このコメントが上手なのは「教諭全体で」と言って、**まるで他の先生たちにも連帯責任があるような言い方**をしているところ。体罰を容認するような土壌があったとでもいうのでしょうか。違います。だってこの先生は赴任して2日目、土壌も何も。「教諭全体で研修⇩再発防止」という単純な方程式、とりあえず学校にはよくある「みんなで考えていきましょう」的な落としどころで、校長自身の責任には全く言及していないところも見事。結論は結局「やった教員が悪い」ということですね。

一方、担任の先生のコメントは率直。「早く立て直したいという焦り」と正直に自分の気持ちを述べています。

3学期のはじまり、あと3カ月で6年生になるクラスに学級担任として赴任する。臨任とはいっても54歳ですから教職経験は少なからずあるのかもしれませんが、初見の3学期の5年生というのはけっこう重い。初日、子どもたちは素直に彼女を迎えてくれたでしょうか。それまでのクラスがうまくいっていれば、子どもたちはすんなり気持ちを開いたかもしれませんが、この年齢の子どもたちはむずかしい。前任者がいなくなったことを子どもたちはどんなふうに受け止めているか。もしうまくいっていなかったとしたら、新しい先生に期待を向ける児童もいるかもしれませんが、多数ではないでしょう。どちらにしても、厳しい出発だったのではないでしょうか。

2日目、教室から出て大根の生育の様子を見に行く授業。指示を聞かずに遊び始める児童が数人。注意したくても名前がわかりません。きつく指導したほうがいいのか、それとも……。今、きっちりしておかないと子どもたちにもしめしがつかない。管理職や同僚から「できない教員」と思われるのも困る。勝負は3カ月。この際、全員にびしっと思い、大きな声を出すが、子どもたちは聞こうとしません。いらっとしてさらに大きい声で指示を出す。「全員、ここに並びなさい！　クラスがまとまらないのは一人ひとりの責任でしょ！」と言ったかどうか。そして……。

教員としての資質の問題と言われるかもしれません。でも同じ立場だったら私も同じようにやってしまうかもしれません。ほら、やっぱり資質の問題？　いやいや、**資質の問題がないとは言いませんが、そこに原因を求めていいのかどうかということです**。私は、彼女を選んで現場に送り込んだ市教委、そして受け入れた校長の責任が大きいと思います。どういう責任かというと、彼女を**採用しただけで、受け入れただけで、それ以上何もしなかったという責任**です。

4月の学級編成後に赴任する臨任と、9カ月経ったクラスに赴任する臨任。今では学級崩壊したクラスを校内で手当てできず、そのまま臨任に任せてしまう学校もあるといいます。臨任・非常勤が不足している今、免許をもっていさえすれば、市教委はすぐに学校へ紹介します。校長もとにかく穴を埋めなければと、5年だろうが6年だろうが学級担任につけてしまいます。年度途中ですから、4月には赴任教員全員に対して行なう最低限の研修すらありません。地域の特性や児童や保護者の傾向、一人ひとりの児童についての情報共有、そしてこうした時期に学級担任が代わるしんどさと具体的な対応の手だてなど、そうしたことを校長は丁寧にやったのでしょうか。またクラスの生徒に対する手当てはどうだったでしょうか。新しい先生を迎えるための気持ちの切り替えなど、準備はされていたのでしょうか。

私には、彼女の孤独と焦りがわかるような気がします。彼女は今、悔やんでも悔やみきれない思いでいるでしょう。どうしてあんなことをしてしまったんだろう、と自責の念に駆られていることでしょう。でも**この問題は、一臨任の体罰問題ではありません。学校の中の非正規労働者の問題**ですし、ひいては、**この国の労働をめぐる大きな問題の一つの表象**であるとも思います。市教委、管理職はこの問題を一体罰事件として教員個人の責任に矮小化するのではなく、どのような支援が彼女に必要だったのかを考えてほしいと思います。

えっ？　体罰をしなかったとしたらどうなっていたか？　現場にいるあなたならある程度想像がつくでしょう。**現場というのは理念や理屈だけではどうにもならないことがある**ものです。

紙数が尽きました。あなたが感じた引っかかりと私のとは少し似ていましたね。職場の仲間への想像力、それをなくしたら教員はやっていけないな、と私は思います。

［「がっこう」という文化は困りごとがいっぱいです］

「ちゃんと私の目を見て！」なんて言ったからでしょうか？

Q　実は先生、私も教員になったんです。ビックリでしょ？　無理だと思ったんですが、なぜか受かってしまい4月から小学校に勤めています。（略）だって、すごいんですよウチのガッコ、安っぽい学園ドラマみたいです。トノサマみたいな校長先生に女性の副校長先生がかしずいてお世話していて、その下にあのひな人形の五人囃子みたいなシュカンキョーユっていうんですか？　これがまぁピーヒャラピーヒャラうるさいのなんのって参っちゃいます。学校ってこんなんですか？　はっきし言ってかなりウザイです（笑）。クラスの一人の男の子のことです。初めはそこそこうまくいっていたんですけど、連休明け頃から叱ることが多くなり、今では私と視線をあわそうとしません。それでも「もっときちんと指導しなきゃ。根負けしちゃダメよ！」という五人囃子の激しいプレッシャーがあり、そんでもってつい「ちゃんと私の目を見て！」なんて大きな声で言うもんだから、彼はプイ！と反抗的な態度ありあり。周りの子も、最近は私にヒキ気味です。一緒に教員になった友達ももう辞めちゃおうかなぁなんて言っているし、私もちょっと、まぁ、そのお。先生！　私も、励ましてください（笑）。

A

君が教員にねえ。うん、ビックリはしたけれど、でもあんまり心配していません（笑）。実は、君が教員になったら面白いかもしれないな、なんて考えたこともあったからね。君は周りの雰囲気になじんでいるように見えながらじょうずに距離をとっていて、ずぶずぶの関係を回避するようなところがあったよね。人に対して臆病な面の裏返しだったのかもしれないけど。今だから言うけど、**物語にのめりきれない現実主義者**という感じだった。だから物語の多い教育の世界にはちょうどいいんじゃないかなと思ったわけです。

さて、トノサマや五人囃子は、君のことですから、うまくやり過ごしていけるんじゃないだろうか。それより、気にかかるのはその男子との関わりですね。わからないわけじゃありません。ちょっとしたボタンの掛け違いみたいなものから叱ることばかり多くなっていて、相手は「またかよ、うるせーな」となるし、そうなるとこっちも「言われたくなかったらちゃんとやれよ」となって、互いに出口が見えなくなってしまう。悪循環ですね。

これは、うまくいかなくなった夫婦のようで（ウチのことじゃないですよ）、トラブルの原因はどっかに吹っ飛んで、ただただ「いやだなぁ」という感情の固まりをぶつけあうだけ。こうなると、難しいよね。夫婦だったら「ちょっと距離をおいて」ということになるけれど、教員と子どもは別。毎日顔を合わせるわけで、どんどん煮詰まっていってしまいます。さらにまずいのは、君のように、視線を避ける子に「私の目を見なさい！」なんて言ってしまい、見てくれないと「心にやましいことがあるからそういう態度になるのよ！」なんて言う先生だよね。見たくないというその子の気持ちを逆なでしている。

教員はこんなふうにいつも子どもに対してアドバンテージを取りたがるし、そしてこの正義の？アドバンテージほどやっかいなものはない。このままいけば、君は最後まで正しい先生で、その子は先生の言うことを聞かない困った子のまま。あと9カ月あまり、君は正しいままでほっとかれ、その子の気持ちの琴線に触れることはないかもしれませんね。

本来の君ならば（こんな言い方、よくないかもしれないけど）、もう少し余裕をもってその子とつきあえるんじゃないだろうか。そうならないのは、やっぱり君が新人教員で、トノサマや五人囃子たちの視線を無視できず、むしろ気にしているからなのだと思う。うまくやり過ごしているようで、彼らの毒？が少し効いているのかもしれないね。

だいたい「目を見る」は、何か大切なことを伝えたいときとか、言葉を必要としない時の動作だよね。普段から親密な関係にある親子ならともかく、さしたる関わりのない人に言われたくないよね。気持ちを無理やりのぞき込まれる感じ？　彼の「プイ！」は、私は自然な反応だと思う。人と人が互いに目を見つめ合うことってそんなにあることじゃない。電車の中に時々いる恋人同士なら、バシッとひかれば脳の中が見える眼底検査ぐらい（ごめん、ついこの間、健康診断があって……）に見つめ合って飽きないけれど、偶然に学級担任になった人とは視線を交わすことはあっても、そんなに見つめられたくはないもの。まず、その感覚のふつうさに気づいてほしい。

正面から向き合う関係は私的な特別な関係です。「♪オレの目を見ろ～、何にも言うな～♪」

（古すぎる）って北島三郎の「兄弟仁義」だけど、ほら、これだって義兄弟の約束をかわす特別な関係でしょう？　いやいや、喫茶店でもレストランでもみんな向き合って坐っているじゃないというかもしれないけれど、よく見てごらん。向き合っても眼を見つめている人は少ないよ。見つめているのは何かそれなりの意図をもって接している人たちだけだよ。

まず、**上手に視線をはずしてあげること**。正面から見つめることで見えなくなるものがある。目の端で見ることも大事。**全部を捉えようとしないこと。捉えられると思わないこと。向き合わない関係も大事**。見逃すなんていうと、教育の場にふさわしくない！　なんて五人囃子などはいうかもしれないけれど、人は人のすべてを知ることなど不可能だし、人を丸ごと理解することなどできるはずがない。人の理解なんて相対的なもので、実際には小さな誤解が積み重なるようにして、人は人をつかんでいく。そんなふうに考えてみたらどうだろうか。もしかしたら彼の中にある嵐のようなものは、かつての君の中にもあったものかもしれない。だからと言ってすべてわかるわけでもない。そんなふうに、実は普通の人間関係ってつかみどころのない曖昧模糊としたものじゃないのかと私は思っています。

教育という行為の中には、科学性やヒューマニズムを背景にしたある種の傲慢な人間観があり、教員という種族は知らず知らずのうちにそうしたものを刷り込まれているもの。君はそのことに気づき始めているのじゃないだろうか。だから、大丈夫。明日から、ちょっと人生経験の多い大人として彼の前で自然に振舞ってみてください。

［「がっこう」という文化は困りごとがいっぱいです］

『中学生のための礼儀・作法読本』って、なんなんでしょう？

Q 今年、中1の学級担任をしています。先生から言われた「礼儀・作法の本」、あちこち探したんですが、なかなか見つからず、そのままになってしまいました。ところが先日、校長が「文化祭も終わったんだから、少し道徳に力を入れては。ついては、中1には礼儀作法の本があるんだから」と発言。すぐさま忠犬ハチ公のような主幹教諭が、どこに隠してあったのか、その本をクラス人数分、ドサッと学級担任の机に置きました。こういうのを鮮やかな連携プレーというのでしょうね（笑）。それから「活用のために」という文章も同時に出ています。これがよくわかりません。赤田先生は、この本のどういうところが問題だとお考えなのですか。（緑区・中学校・32歳）

A 正しい書名は、『大人への入り口　これだけは身につけたい　中学生のための礼儀・作法読本』（横浜市教委編ぎょうせい発行　本体143円＋税）。学校に配布されるのには部数に限りがあるようで、しっかり読もうとしている先生たちは書店で購入しているという話。中1生にはもちろんタダで配られているのですが、昔から言うようにタダほど怖いものはないですね。実際目を通してみると、これ、**けっこう怖い**です。せっかくですから、**内容紹介**をしておきましょう。

全体は二部形式に分かれていて、前半は「礼儀・作法の基本」、後半は「生活の中で生かしてみましょう」、いわば前半は基礎編、後半は実践編ということでしょうか。礼儀・作法の基本のまず初めは、「1正しい姿勢と動作」立った姿勢と椅子に座った姿勢が写真入りで。次に絵入りで正しい姿勢について。次に「おじぎ」。会釈、敬礼、最敬礼を立っているときと坐っているとき（正座）、それぞれ絵入りで。立っているほうの絵は男子で、毅然と？ 目を開いて前方を見つめているのに対し、なぜか坐っておじぎをしているのは目を伏せ目がちにした女子。変ですね。椅子に座る、立ち上がる、歩く、ドアの開け閉め、ものを渡す・受け取る、傘を差す・開く、たたむ、そしてなぜかドレスコード。さらに「2心を届けるあいさつ」、あいさつ、笑顔、握手の仕方。「3言葉遣いは心の敬語」で、敬語の細かな説明。「4食事マナー」ここでは箸や茶碗の持ち方をことこまかく。「5電話の受け方、応え方」そして唐突にコラム風「○○道」の紹介。茶道、書道、華道、武道の神髄、柔道。ご丁寧に※で「○○道はたくさんありますね」。だから、何なの、たくさんあるからなんだと言いたいのか、意味不明。「6手紙の書き方」、1000人に1人ぐらいの中学生しか使わない時候のあいさつの紹介。これで前半は終わり。

学校でこれだけのことを教えるべきということなのでしょうが、それ以前に普通に考えて、ここに書かれているしつけのディテールは、日本のある特定地域の特定の階層で伝承されてきたものなので、**必ずしも日本全国のスタンダードとは言えない**もの。『秘密のケンミンショー』というテレビ番組がありますが、これほどの情報化社会であっても、地域ごとの文化の違いはまだまだ色濃く残っています。さらに、この国の学校には、世界の多くの民族の子弟が学んでいます。茶碗を置いたまま食べる文化も、正座をしない立ちひざの文化もあります。箸を使わない民族も手で食べる民族もあります。「郷に入れば郷に従え」とでも言うのでしょうか。少なくとも横浜の人権教育においては、多文化共生ということが言われてきたはずですから、これほどの自国文化の押しつけは理解しにくいところです。

後半部分を見ると、編集の意図がほの見えてきます。まず「1あなたの礼儀・作法は？」中学生じゃなくとも、「ウルセーなぁ、ほっといてくれよ」と言いたくなります。そして唐突に江戸しぐさ。江戸時代を生きていた人たちの感性と私たちではかなり違うものがあるはず。あまりに合理的で思いやりに満ちているのには違和感があります（歴史研究家の原田実氏は『江戸しぐさの正体　教育をむしばむ偽りの伝統』（星海社新書・2014年）の中で、〝江戸しぐさ〟は1980年代に芝三光という人によってつくられたもので、実際の江戸時代の風俗とはかけ離れた偽史だと指摘しています）。

2「学校で」学校の中のさまざまな場面での礼儀を説いていくうちに卒業式にたどり着きます。そして唐突に国旗の話。ここには、他国の国旗も尊重しなければならんと書いてあります。ならば、他国、他民族の文化やしつけについてこの本が全く触れていないのはなぜでしょうか。

そして「3家庭で」。ここでは「席次」について。といっても上座の話。和室、応接室、列車、車。上座の位置を示しています。クルマの中の上座？必要でしょうか。驚くのは和室の図2枚に床の間が描かれていること。床の間があるのが伝統的な日本の家屋と言いたいのか。さらに、節季と節句の説明とお彼岸やお盆、七五三などの年中行事の紹介。ここでも家屋にも階層によってそれぞれの特徴があり、またさまざまな宗教や暦や文化をもつ人々が共存しているということが全く前提とされていません。

最後は、「4地域社会の中で」。この本を手に取る大人や教員の中にはもしかして、「おお、いいこと書いてあるじゃないか」と言う人もいるかもしれません。いつの世にも必ずいる「最近の子どもは礼儀を知らない」と苛々する人たち。でも、子どもが礼儀正しかった時代ってどんな時代だったでしょうか。**子どもはいつだってたいてい礼儀知らずだったし、作法を守らない困った存在だったと私は思います**。子どものしつけに「公」が口を出して礼儀作法を強制する。そんな時代が昭和にありましたが、それは国を挙げての戦争の時代でした。

この本は、公を奉ずることが大好きな大人たちがつくりだした、いわば横浜版「心のノート」と言えます。横浜では学習指導要領も「横浜版」が付くほど、文科省のほうばかり気にしているので、仕方ないのかも知れません。

最後に、この本について「活用のために」という文書が出ています。どういう場で活用するか、どんなふうに活用するかについてまとめていますが、最後に網掛けでこんなことが書いてあります。

○「道徳の時間」は、自分の体験を振り返り、人間としての生き方の自覚を深める時間です。具体的な礼儀・作法や社会のルールやマナーを指導する時間にならないように配慮してください。

○「中学生」のための礼儀・作法読本で示している立ち居振舞は、基本的な礼儀・作法、社会におけるルールやマナーについて説明したもので生徒全員に全ての内容を一律に指導するものではありませんので、生徒の状況を十分に配慮し、ご活用ください。

飛んでくる矢をうまくそらしたつもりかも知れませんが、これではどう使っていいやら現場は困惑するばかりです。**どう見てもルールやマナーをしっかり教えなさいということだし、一律に指導せよということでしょう。**

この本は今でも「ぎょうせいオンライン」で買えるようです。ただし10冊以上のまとめ買いのみとのこと。価格は157円に値上げされています。以下、ネットの紹介文。

家庭だけではなく、学校にも求められるようになった「しつけ」。箸の持ち方、言葉づかいなどは、本来は家庭でしつけるべきものですが、近年これらをきちんと身に付けていない児童生徒が増えてきています。

また、近年の全国学力テストの結果によって、「基本的な生活習慣」が身に付いている子ほど「学力」が高い、という相関関係が実証されていることもあり、学校としても計画的に生活習慣の育成に当たることが求められるようになりました。

本書は、「これだけは身につけておきたい！」という基本的な礼儀・作法を知り、実践するための手引きです。

やっぱり一律に指導するための副読本なんだね。

［「がっこう」という文化は困りごとがいっぱいです］

「トイレ清掃」の目的は何でしょうか？

Q 環境指導部だから「おまえ言ってこい」と言われて、「トイレ清掃」の出張に行ってきました。掃除をしてトイレをきれいにすることが目的なのか、トイレ掃除を通して「何とか力」をつけることが大事なのか、正直よくわかりませんでした。聞いているだけだと「きれいにする」というのは結果で、取り組もうとすることが大事なように聞こえました。でも、あれだけノロウイルスが問題になったり、体温チェックまでやっている新型インフルエンザ騒ぎがあったのに、マスクも手袋もつけなくていいというのはちょっとよくわかりません。トイレ掃除が一概に悪いとは思いませんが、こんなふうに始まるのには違和感があります。（青葉区・中学校教員・31歳）

A 結論から言います。あなたの違和感はまちがっていません。管理職はお上からの御沙汰ですから立場上、マジメにやりそうな顔をするかもしれませんが、物事の道理のわかった人なら、テキトーにお茶を濁そうとするはずです。その意味でセンスのある管理職と困った管理職を選別するにはいい例かもしれません。**現場で大切なことは、たとえ「天の声」であろうと、意味のないことは粛々と換骨奪胎していくこと**です。そうしないと現場はもちません。

結論だけでは面白くないので、この浅はかな思いつきについて少し考えてみましょう。まず初めにこのレベルの話をトップダウンで、しかも現場より先にプレス発表までするってどうでしょうか。トイレ掃除本体の予算の増額は何もないのに、Ａ４版８ページの立派な教員向けリーフレットをつくり、５００余校の担当者を集めての伝達講習会、大変なお金をかけている、ばかばかしいにもほどがあります。

さてこのトイレ掃除の根拠。浜教組の役員も入った「横浜教育改革会議」の答申の「公共心・規範意識など豊かな心を育む」にあるようです。具体的方策１４４に「学校でのトイレ掃除など自分を含め皆が使う場所の清掃活動や地域清掃の推進」が上げられています。**「豊かな心＝公共心・規範意識」という図式、短絡してますね**。これは、今世紀初めの教育改革国民会議で強調され始めたもの。あのころ作家の曾野綾子が「誰のおかげで現在のような豊かな生活ができているのか、感謝の心が足りない！」と国民を叱っていました。それが安倍政権になると、横浜の教育委員を務めたヤンキー先生の義家弘介が委員を務めた教育再生会議でさらにヒートアップ、横浜版学習指導要領の「知・徳・体・公・開」の「公」にまでつながっているのです。この国のリーダーたちは、自らの責任を振り返ることなく、国民が「公」を軽視するのが我慢ならないのです。なんとしてでも国民に「公」に感謝する気持ちをもたせたい。そのために「君が代」を歌わない教員を処分するわけです。

彼らにとっての「豊かな心」とは、「公」に感謝の気持ちをもつことであり、それは人々の隣人との豊かな関係より優先されるようです。企業の都合でクビを切られた非正規雇用の若者を自己責任と切り捨て、人とのつながりより、競争が人を育てるとうそぶく人たちの発想です。

リーフレットには「児童生徒がトイレ清掃を行うことについての児童・生徒指導上の背景」として学校での「器物損壊」が増えていることがグラフで示されています。学校での器物損壊の原因は「公共心や規範意識」が薄れているという分析がここにはあります。しかし**なぜ公共心や規範意識が薄れているのかの洞察はありません**。あるのは、トイレ掃除をすることが公共心や規範意識を涵養することにつながるという短絡です。リーフレットは「清掃活動で伸ばしたい能力」として「公共心の醸成」「規範意識の醸成」「自立心の醸成」「感謝の心の育成」「段取り力の育成」「役割を果たす力の育成」「達成感の育成」「協力する力の育成」と8つもの「能力」を挙げています。一銭のお金も出さずにこれだけの力がつくとしたら、横浜市教委はある意味、立派な錬金術師と言えますね。

でもその中に「トイレをきれいにする」は入っていません。その答えがリーフレットのQ＆Aにありました。「児童生徒が行うトイレ清掃と学校用務員の行うトイレ清掃とで、目的はことなるのですか？」の質問への答えが「児童生徒による清掃活動は、「教育活動の一環」として行われるものであり、児童生徒の公共心や規範意識を育むといった「教育目的」を達成するためのものです。一方、「学校用務員の清掃業務は、学校環境整備の一環として、利用者が安全で衛生的に利用できることを目的として行っています」。発想としては戦時中の国民学校での竹槍訓練と大差がありません。**気合や気持ちが大事というまさにこれこそ精神主義**。

さて、学校現場とはどういう場でしょうか。教員はすさまじい多忙さの中で、授業や学校行事を通して日々児童、生徒に関わり続けています。人を蹴落として生きていくのではなく、人と人とのつながりを大切に生きていけるようになってほしいと願いながら、児童、生徒とつきあっています。そうした**日々の繰り返しのなかでつくられるものに名前をつけるとしたら、それが豊かな心かもしれません**。

何かに無心に取り組むことは美しいことかもしれない。掃除が終わり、トイレがきれいになればすがすがしい気持ちになることもわかります。トイレがいつもきれいになっていれば汚すことがためらわれます。少しでも汚れていれば、すぐに掃除がしたくなります。でも汚れは必要のないもの、あってはならないものでしょうか。日本の街はとっても清潔だと言われます。ゴミも落ちていません。では、人の心は汚れの目立った時代と比べ、日本は豊かになったのでしょうか。人々にやさしい政治は行なわれているでしょうか。

2010年市内全校で実施ということですが、生徒指導のしんどい学校は大変でしょう。それに、マスクも手袋もしなくていいという大胆な発想ですから、感染症が心配です。インフルエンザのみならず、ノロウイルスにどれほど痛めつけられたか。やらせるほうは鶴の一声、事故が起きれば現場の責任、これでは教員のモチベーションはあがりませんね。何とか工夫をしながら鶴の一声をかき消していきましょう。

追記：これは２００９年の横浜のことです。鳴り物入りで始まったこの「そうじ」、結局全く定着せず、現場には影も形も残っていません。しかし、10数年を経た今、日本中でトイレ清掃活動を利用した「生き方」を教える動きは広まっているようです。日本を美しくする会など日本会議につらなる団体が中心ですが、そこでうたわれているのはやはり**公共の精神や自己犠牲の精神**です。横浜市のトイレ清掃は時期的にはこうした流れの中間に位置していたことがわかります。

参考：『掃除で心は磨けるのか〜いま、学校で起きている奇妙なこと』（杉原里美・２０１９・筑摩書房）

「民間人校長」の記事、なんだかうさんくさいんですが。

Q　あの市ケ尾中の民間人校長が、東京新聞で大きく取り上げられていました。読んでみたのですが、あまりに立派過ぎて、現実感がないというか、自分の職場とは別の世界の人のような気がして。でも、やっぱりこういう立派な校長先生だと学校って変わるんでしょうか。（略）（中学校教員・33歳）

A　その記事、私も読みました。平川理恵校長ですね。民間人校長に応募した100名から選ばれた4人のうちの一人。記事は、1ページの3分の2を使った「あの人に迫る」という東京新聞の名物コーナーでした。内容はこの方の本『あなたの子どもが「自立」した大人になるために』（世界文化社）と同じ内容、やさしそうな笑顔の写真を見ながら本文を読むと、それはもう感動的ですね。横浜初の女性民間人校長として単身公立中学校に乗り込み、次々と現場改革を成し遂げた素晴らしい校長先生……。原発や集団的自衛権、特定機密法などに正面から堂々と反対するあの東京新聞ですからなおのこと、読者に強いインパクトを与えたかもしれません。

でもこの記事、東京新聞には失礼ですが、**私にはただのちょうちん記事に見えました**。ちょうちん記事って知っていますか。取材対象をひたすら持ち上げた記事のことです。教育問題に対してもそれなりに見識を示してきた東京新聞としては、いただけないなと思いました。記事の随所にそういうところがあります。

「インタビューを終えて」には、こうあります。「学校の玄関に『花井記者ようこそ！』と書かれた看板が立っていた。うれしかった」。

学校は誰が来ても看板を用意するわけではありません。教育委員会の指導主事訪問や、地域の重鎮が集まる会議の時には出されます。私が校長交渉で訪れても出されたことはありません。新聞記者だってふだんは歓迎されないことが多いはず。一瞬「うれしい」と思っても「ちょっと待てよ？」と眉に唾をつけるぐらいの気持ちがほしいもの。あまりに素直というか。ひとことで言えば、これで手玉にとられたのでしょう。プレスを上手に使うことについてはそのへんの凡庸な校長とは違います。

後段では、「……飾らない人柄に魅せられ、3時間も話し込んだ」とあります。校長は飾り物ではありません。どの時間帯かわかりませんが、校長に一来客と3時間も話しこまれたのでは学校は回っていきません。「好き勝手にやって」という校長ならともかく。まっとうな感覚をもった記者なら「こんなに時間をとっていただいて大丈夫なんですか？」と聞くところだし、「へえ、校長って意外にヒマなんだ」と思うかもしれません。「私の取材にこれだけの時間を割くということは、もしかしてこれは広報活動か？」ぐらいは考えなくては。

さらに「帰り道、記憶をたどった母校の校長の顔は、まだ思い出せずにいる」と結ぶ。いいオチだと思って書いたと思うけれど、強烈な個性を発揮する平川校長のオーラ?に惑わされて、平常心を失っているようです。顔を覚えていない校長は、花井記者にとっては存在感のない校長だったかもしれないけれど、校長なんて顔ぐらいは生徒に覚えられても、名前まで覚えられることなどない存在です。だからといって、校長としての力量には何のかかわりもありません。最近は目立ちたがりの校長が多いのですが、デキる校長ほど自分は前に出ずに、生徒や教員を前へ押し出すものです。

記者の質問に「なぜ、改革は成功したのでしょう?」などという唐突な、記者としての目が曇っているとしか思えないものがありました。**いつこの学校の「改革」に「成功」という評価が出たのでしょうか**。平川校長自身は「成功」と考えているでしょうが、記者は自分の目で仔細に「改革」の中身を検討したのでしょうか。「ユネスコスクールに登録され、『地域による学校支援活動』『キャリア教育優良校』の2部門で文部科学大臣表彰を受賞し」たから「成功」というのなら、もう記者としては終わっています。生徒や保護者、卒業生、あるいは地域の方々への周辺取材はしたのでしょうか。本人からだけの取材なら「ちょうちん記事」という批判を甘んじて受けるしかないでしょう。

平川校長の発言のエキスとして紹介されている「あなたに伝えたい」には、次のようにあります。「教育に興味があったので、ど真ん中でやろうと思いました。子どもたちの成長を促す仕事っていいなと」。校長って「ど真ん中」なの？と突っ込みたくなります。「ど真ん中で頑張っている生徒や先生たちを支えていく仕事っていいな」ならわかりますが。記者としてこのセンテンスを無批判に選びとってしまうところ、浅慮と言われてもしかたありません。

せめて**教育改革の中で、政策として民間人校長を取り入れたことの意義、政策**を批判的に検討する視点はもつべきですし、**市ヶ尾中での彼女の発言が、市内全部の中学校の授業時数問題にあたえた大きな負の影響**についても取材しておくべきでしょう。手放しの礼賛、ちょうちん記事をそのまま掲載した東京新聞の整理部のセンスも疑われます。「あの人に迫る」のタイトルが泣くでしょう。

なんだか東京新聞と記者の批判になってしまいました。でも民間人校長の何たるかはわかってもらえたのではないですか。市ヶ尾中の周辺から聞こえてくるさまざまな声は、私の耳には「一将功成って万骨枯る」と聞こえてきます。

追記：平川理恵氏は、２０１５年に中川西中校長に異動、２０１８年、広島県教育長に転身。セクハラに対し厳しい態度で臨むことを表明するなど改革に腕を振るったと言われる。一方、内閣官房の教育再生実行会議の委員にも名を連ね、テレビ出演などマスコミへの露出も多かったようだ。２０２２年2月、ＮＰＯ法人との契約をめぐって官製談合防止法に違反する疑いがあるとされ、また図書館改革をめぐって作家の赤木かん子氏との契約にも疑念があるとの報道が続いている。年間のタクシー代が１００万円を超すなどの議会から厳しい批判も出ている。

広島修学旅行が「テーマが重すぎる」ということで取りやめになりました。

Q ご無沙汰しています。4月に転勤して、少しずつですがこの職場にも慣れてきました。修学旅行は広島、京都でした。語り部さんのお話も生徒たちはしっかり聞き、涙を浮かべている生徒も少なくなかったです。平和公園内の碑巡りは悪天候にもかかわらず、しっかり行なっていて立派だなと思いました。

前任校でも広島修学旅行を行なっていたのですが、今年いきなり見直しが始まり、行事検討委員会で検討した結果、広島は取りやめに決まったそうです。理由は職員の旅費が足りないことのようです。修学旅行の反省から出てくるのならともかく、職員の旅費が足りないから取りやめなんて信じられません。自然教室は立派なペンションに泊まってますが、なぜか広島に行く予算はないようです。それからその議論の中で校長は、「テーマが重すぎる」という趣旨のことを発言したようです。これも信じられません。赤田先生のお考えをお聞かせ下さい。（中学校教員・50歳）

A まず、はじめに触れておかなければならないのは、**広島修学旅行は、3・11の前後ではかなり様相の違うものになってきたこと。**それまでの広島修学旅行は一般的な核廃絶運動が大きな柱で、チェルノブイリ原発事故は扱っても、この国の原発の問題が取り上げられることはほとんどありませんでした。

核廃絶運動と脱原発運動が運動的な意味で合流することがなかったことが一因かもしれませんが、それよりも東京電力を中心とする大金を使った原発の安全キャンペーンの前に、日本では原発事故は起きることはないと、どこかで安全神話を信じ込んできてしまったことが大きかったのではないでしょうか。これは私自身の反省でもあります。

振り返ると、90年代からの新自由主義の台頭の中で、脱原発運動は急速に勢いを失っていきました。一方核廃絶運動は、世界的な政治の枠組みの変動の中で、わずかずつですが前へ進む機運を生み出しつつありました。3・11フクシマは、そうした二つの流れに対し、明確に核廃絶と脱原発が運動としてしっかりと手を組んでいくべきであることを多くの犠牲の上に提起したのではないかと私は考えています。

在るものは止められないというあきらめが、結果として未曾有の災害を生み出してしまったこと、今求められているのは、放射能の人体や自然、食物への被害を最小限に押しとどめること、被災者が早くふるさとに戻れるよう手を尽くすこと、そして**明確な方向性をもってエネルギー政策の転換を行ない、この国が新しい「生き方」を選択していくことだと思います。**

広島修学旅行は、過去と現在の歴史的な過ちを同じ地平から見つめ、過去の悲惨さだけでなく、現在の悲惨さをしっかりと見つめること、**ヒロシマとフクシマの違いと共通性を、中学生の視点**

から考えていくことだと私は考えています。

さて、そこであなたの前任校の問題。職員の旅費がないから広島修学旅行をやめるということですが、それではどこの学校も広島には行けないことになってしまいますね。でも現実にはいくつもの学校がさまざま工夫しながら続けています。というのも、横浜の多くの中学校が選ぶ京都、奈良と違って、実際に行ってみた教員の多くが、ヒロシマが生徒の中の柔らかい部分に訴えかけるものがあることと、教員自身も自分の立っている場所を見直す可能性をもっていることを感じ取っているからです。

「テーマとして重すぎる」は正直なのでしょうが、軽すぎます。広島修学旅行をめぐってはときに「重い」という発言が出ますが、たいていそれは「めんどう」という言葉と同義です。旅費云々は言い訳です。2年間かけて事前学習を自前で積みあげる広島修学旅行は、ほとんどが業者にお任せで済む京都・奈良修学旅行に比べて、教員の負担が「重すぎる」と考えているのです。

私は、広島修学旅行が最善だなどと言うつもりはありません。ただこれからの私たちは、一時たりとも放射能の問題を忘れるわけにはいかないところにきています。いまだ放出され続けている汚染水、増え続ける廃棄物、私たちの周りから放射能が消えることはありません。放射能から離れて生活ができればいいのですが、それができないのなら、情報をしっかり見きわめ、新しい価値観と連帯、連携のあり方を生み出していく必要があるのではないでしょうか。

私たちが享受してきた豊かさに対して倫理的な糾弾や自己批判で終わるのでなく、人がごく当

たり前に一生を過ごす、身の丈にあった生き方を求めること、その時に必要なエネルギーとは何か、必要でないエネルギーとは何かを考えること、それは自分の人生を生きるという時、大きな選択であり転換であると思います。

広島修学旅行は、そんなことを考えるときのきっかけ、希望となる可能性があると私は思っているのですが、このテーマは重すぎるでしょうか。

「中立」な原発の授業とは？

［「がっこう」という文化は困りごとがいっぱいです］

Q　校長が私の原発の授業を見に来ていました。私は私なりの勉強をして授業に臨んだのですが、次の日の朝の打ち合わせで校長は「教師は、もっと全体の状況をよく見て授業を組み立てないと、授業が偏ったものになってしまう」と発言。私はつい手を挙げて「私の授業のことでしょうか」と聞いてしまいました。校長は「いや、先生のことというわけではなく……」とごにょごにょ。お昼休みに校長室に呼ばれて「ああいう態度がよくない。自分のことだと思ったならば、素直に自分を振り返るべき。教師は公務員なんだから中立の立場で生徒に接しないと。いろいろな保護者がいることも頭に入れて……」。反論しようとしたのですが、「ところで自己観察書についてだけど」と人事評価の話に。先生ならこういう場合、どういうふうに反論しますか。参考にしたいので教えていただきたいのですが。（某区中学校教員・34歳）

A　久しぶりです。教師になってもう10年になるんですね。在学中もそうでしたが、あなたのあちこちアタマをぶつけながら前に進むところ、私はとってもいいと思っています。昨今は管理職に何か言われると、とりあえず「はい、わかりました」と言っておくという若い教員が多い。人事評価の導入の影響か、校長の存在がとても大きく感じられるようですね。管理職も若い先生たちに対し、「よけいなことを考えずに、自分の持ち場のことだけ考えてしっかりやってくれればいい」という人が多くなってきています。組合に持ち込まれる**校長のパワハラ問題**も、若い先生が「分をわきまえず」意見を言ったことが、パワハラの伏線になっているケースがありました。あっけらかんと自分の意見を率直に口にする態度は「黙って私の言うことを聞いていればいいんだ」という人たちからすれば、癇に障るんでしょうね。

さて、校長の言う中立ということですが、力、権限を持っている人がこの言葉を口にするときは、眉につばをつけて聞くことです。**中立と言いながら、たいていこういう人たちは中立でない主張をもっているもの**です。

この場合の校長の「中立」は、校長自身が、少なくとも脱原発という立場には立っていないということですね。だったらしっかり原発擁護の論陣を張ればいいじゃないかと思うかもしれません。校長はそんなことはしません。**エライ人は議論をしない**んです。「なくせなくせの絶対反対じゃ、世の中動いていかないんだよ」といった自民党政治家の感覚なんでしょう。

こういう校長って結構います。だからきちんと主張を表に出すあなたのような若い教員には、かえって敏感になりますし、半分ムカついてもいるわけです。校長からすれば、時の宰相が「原発再稼働」を言っているのに、現場で若造が生徒の前で脱原発の授業では「こりゃ偏向教育だなんて言われかねない、保護者からクレームがきたり、教育委員会から何か言われたら……」。そこで「中立」発言ということになります。とりあえずここらで一本釘を刺しておけば、ということですね。ですからこの「中立」は中庸という意味はなく、「主張をはっきり出さず、ごにょごにょとしておきなさい」という意味が込められているということです。

対応は簡単です。校長に対して「**先生は一市民として原発についてどうお考えですか。後学のためにぜひご説をお聞かせください**」と質問してみることです。ごにょごにょと言葉を濁したら、「では、先生の中立の立場というのは具体的にどういうことなんですか」と聞いてみてください。**原発推進と脱原発の中間という立場があれば教えてください**、ということです。現に原発が存在するのですから、中立なんて立場はあり得ません。穏健か急進的かぐらいの違いはあっても基本的にはどちらかを選ぶしかありません。そんなふうに質問されることに慣れていない校長は、むっとするかもしれません。でも途中でやめてはいけません。引けば、今度は必ず攻められます。健闘を祈ります。

最後にちょっとだけアドバイス。授業では、テレビや新聞で、政治家や学者や評論家が言っているようなことを繰り返しても仕方がありません。それは結論だからです。**授業ではまず具体的な事実を提示していくこと**です。問題はその事実です。立場によって時に変わってしまうのが「事実」です。**事実も「中立」ではありません**。ですから、いかに疑いようのない事実を見つけていくのか、そのための日々の「眼」を鍛える積み重ねが大切です。

［「がっこう」という文化は困りごとがいっぱいです］

赤田先生のように、空気を読まない先生がいます（笑）。

Q　またまた深夜のメールですみません。教員になって2カ月が過ぎます。初めは、エー！　こんなんいつまでもつんかなぁという感じで、ギャングどもを追いかけまわしていたのですが、最近少しずつ彼らのパターンも見えてきました。ギャングとは言ってもそこは10歳児、かわいいもんです。まわりの先生も、特に主幹の先生がいろいろと教えてくれて助かっています。職員はファミリーのようなものだからって。管理職の先生もやさしいですし。この間、歓送迎会というのに初めて出たのですが、みんなとっても仲がいいんです。ゲームで盛り上がりました。中学の頃は、学校ってなんだか嘘くさくていやだなぁと思っていたのですが、なんだこれはなかなかいいぞって感じです。一人、いつも雰囲気をこわすようなことを職員会議や学年研で言う先生がいます。言っていることはわかるんですが、どうも。雰囲気は赤田先生に似ていないこともなくて、話してみたいなとも思うのですが、まわりの先生は私がその先生に話しかけようとすると、ちょっと表情がくもるんです。（略）（港北区・小学校教員・25歳）

A

職場にうまくなじめているようで私も安心です。君から、教員になる！と聞いたときには、正直、大丈夫かなぁと思っていました。教員はかなりの体力が必要な仕事だし、30〜40人の人たちに対して、一定に主導権が発揮できなければ何事も始まらない。そういう力は経験でつくられていく面もないわけではありませんが、その人がもともともっている外に開いた感じや生徒に向けるやわらかい表情など、ある意味のわかりやすさみたいなものが大きいと私は思っています。その意味で中学時代の君は、かなり繊細で生真面目で自分に厳しくて、そのうえ体力的にはひ弱な感じでしたから、教員？ う〜ん、どうでしょう？ という感じで見ていました。

でも、いい職場でよかったね。どんな仕事でもそうだけれども、最初の職場がどんなところかで、職業人生が決まるところがある。とくに終身雇用が当たり前だった世代は、最初の職場が骨身にまで染みこんでしまうものです。

それはそれとして、今、新採用教員をめぐる状況はかなり厳しいものがあります。35人学級実施のために採用数は増えつつあるのですが、応募する学生の数は減っています。本来なら教員免許を取得した学生の多くが教採を受験するはずなのに、一般企業に逃げてしまうのは、学校の働き方がブラックであるということが人口に膾炙するようになったからでしょう。その結果、教採の倍率は年々下落を続けています。

教員の場合、職場に入ってから身に着けるスキルが多いのですが、周りの教員も自分のことで手いっぱいのため新任教員になかなか目が向きません。「自分で考えて」と言われても、基礎的な力がないのですから、困ったことがあってもだれにも相談できないまま落ち込んでしまうといったことも多いようです。孤立したまま4月のうちに退職する新人もいるという話を聞きます。中には精神疾患を発症したり、追い詰められてフェードアウトしていく人もいるようです。そんな意味では、君の教員人生の始まりとしてはグッド、グッドというところですね。

でも……とつい水を差すようなことを言ってしまうのが私の面目。ファミリーだって？ 歓送迎会でゲームで盛り上がる？ なんだかなぁ。どうも**家族とか家庭を強調されると反応してしまう。**なんていうのかな、ほら君のクラスの子どもでも家庭的にしんどい子ってたくさんいるでしょう。「ウチは、問題などありません」なんて言っている家庭が、実はすごく困ったことを抱えていたりなんてこともたくさんあるよね。

つまり、家庭とか家族ってわが身を振り返れば、それほど確固として安定なわけではなくて、いつも流動的で不安定だったりする。これってフツーのことだよね。ところが、「家庭的なもの」をよそおうとする組織、たとえば宗教団体だったり、国家だったり、会社だったり、学校だったり、そういうものの中では**現実の家庭とは別の「あるべきよき家庭」が強調される。**そこでは、父性的なもの母性的なものの「柔らかな慈愛に満ちた視線」による支配が行なわれる。子どもという存在は親の元では平等であり、無条件に親に帰依するような構造がつくられる。多くの人が家庭の不安定さやしんどさを現実に抱えているから、逆に完璧な「疑似家庭」に幻想を抱いてしまう。そうすると、そこがとっても居心地のいい場所として維持されていくために、生活の中のさまざまな雑事が捨象されていきます。

あなたの現場、学校もそれに似ていないかな。一皮むけば、やさしい管理識は、システムとして条件付き採用の君のクビ根っこを握っているし、親切な主幹の先生は、「職」として明らかに君とは立場が違うし、給料表も違う。管理職への道も近い。どの先生も平等に見えながら、評価システムが隅々まで貫徹されていて、些細なことで優秀教員となったり、指導力不足教員となる。それは時にとっても不合理なケースがあるのも事実。

それでも会社と違って**「みんな平等、みんなで協力」が強調されていくと、表向き、誰も異論をさしはさむことができなくなる。**「○○先生が苦労なさっているのだから」とか「ここでゴチャゴチャ言ったら、空気読めないって言われる」という具合に、自己規制が働き始める。支配というのは、そういう**自己規制をどう組織するか**という面をもっているし、それ以上に怖いのは、**支配する側がそれをあまり意識してやっていない**ことだ。

君の職場の、雰囲気をこわす先生、その先生はたぶんそんなことを感じて嫌悪しているか、職場全体のあり方に危うさを感じてる人ではないだろうか。君のわずかに残った毒気（失礼！）が、その人へのシンパシーを感じているのかも知れないなと私は思いました。もう少し時間が経って周りが見えてきたら、**少し距離をとって職場を眺めてみる**といいですよ。もちろんただ眺めていてもだめだよ。距離をとった分、自分を耕していくようなベンキョーも大切。幻のファミリーに呑み込まれないためにね。

第４章

トラブルは避けて通れません

危

［トラブルは避けて通れません］

卒業生にお金を無心されました。

Q 初めてメールします。中学校の教員になって6年目になります。先日、初めての卒業生（といっても、学級担任ではなかったのですが）から話があるとの電話をもらいました。学校へ来ればと言ったのですが、学校では話しにくい、できれば先生と2人きりでということだったので、外で会いました。卒業生は20歳の男子です。相談とは、彼の家庭の状況のことで、父親が交通事故で働けず、母親も体調を崩していること、自分は専門学校へは通っているが、バイトに明け暮れていること、兄姉が2人いるが家に寄りつかないこと、父親の回復はほぼ見込みがなく、この先、自分は専門学校を続ければいいのかどうか、やめてすぐにでも家にお金を入れるようにしたほうがいいのか、どういう進路を考えればいいのか、ということでした。

私としては、大変なことはわかるがせっかく入った専門学校なのだから、やめずに続けるべき。なるべく早く卒業して両親を助けてあげるといいねという話をしました。彼も納得したようで、頑張ってみますといってくれたのですが、最後に言いにくそうに「先生、いろいろ無理しちゃってて友だちとかからお金借りていて、気まずくなっていて……。できれば全部返してすっきりして直したいんだけど……、お金少し貸してくれませんか」。

思いがけないことだったので、私はつい「いくら必要なの？」と訊いてしまいました。「15ぐらい」と言いながら、「あ、いや、やっぱ、いいです。悪いし……」というのですが、なんだかかわいそうになっちゃって「そのぐらいなら……」とこたえてしまいました。そのままコンビニへ行って15万円をおろし渡したのですが、あとになって「これでよかったのかなぁ」と思い始めました。彼からは、その後連絡はありません。別の卒業生にそれとなく、彼の家の事情を訊いてみたのですが、みな最近は会っていないということでした。私の判断、間違っていたのでしょうか。（中学校教員・29歳・男性）

A **古くて新しい問題**ですね。誰でもがとは言いませんが、若い頃にはこうしたお金の問題の一つや二つ、かかずりあうことはあるものです。彼の目的は進路の相談ではなく、お金の無心だったのですね。あなたは、彼のターゲットだった。世間には、期限なしで無利子でお金を貸してくれるところなどありません。友人や知り合いの人に借りるのが手っ取り早く安全です。その時どういう基準で貸してくれる人を選ぶでしょうか。彼のアタマに浮かんだのが学校の教員。お金の余裕があって貸してくれそうな人、年配の先生にはなかなか言い出しにくい。やはり年齢の近い話しやすい先生ということになります。あなたは、その基準にかなっていたわけです。もうひとつの条件は口の堅い人、でしょうか。うまくお金を借りられても、そのことをあちこちでしゃべられるのは困るでしょう。学校の先生なら元生徒のことをぺらぺら話さないだろう、とりわけ生真面目なあなたは、そういう点でも彼のメガネにかなったということです。

ある程度お金を持っていて、口の堅い人。別の見方をすると、それを学校の教員に求めてしまった彼は、世慣れているというか、けっこう世間ずれしているようですね。他人にお金を借りるということは、額の多寡にかかわらず、緊張を強いられるものです。あなたの書かれた彼の様子からは、そうした緊張が感じられません。逆に、あなたが手玉にとられているようにも見えます。悪く言えば、〝教員は世間知らず〟という知恵を彼はどこかで得たのかもしれませんね。

中学生の頃、彼がどんな生徒だったか、成績はどんなだったか、あなたは彼のことならわかっていると思っていませんでしたか。そこそこ真面目な生徒だったその彼が、わざわざ自分のところにお金を借りに来るなんて、よほどのことなんだろうとあなたは考えます。あなたの生真面目で素直なところですね。人間は短い時間でも変わるものです。それもガラッと……。今、自分には使う予定のないお金が少し、ある、できることはしてあげたい。これは、「選ばれし恍惚感」「人生、意気に感ずる」というやつですね。**人間は頼られないより、頼られるほうがうれしいし、相談されないより、されるほうが気持ちがいい。**日常的にお金を扱うシビアな仕事であれば「それとこれは別」と簡単に割り切れることが、お金に無縁の教員にはなかなかできません、一般的には、ですが。

さて、結論です。**こういうおカネは返ってこないものと諦めましょう。そして人にお金を貸すのは今回で最後にしましょう。**

それから、貸してしまったあとですが「なんだか変だぞ」と思ったあなたの感覚は大切です。あなたと彼は、かつて教員と生徒という関係であったわけですが、お金が介在してから、あなたの側から見える彼は、今までと変わったのではありませんか。お金なんてといいますが、人と人との関係はお金で簡単に変わるものです。世間にはお金を借りても、きつい取り立てや請求がなければ「ま、いっか」という人が実際に存在します。あなたは彼に返済を請求ができますか。卒業生の彼にわざわざ請求できますか。お金は、貸したほうより借りたほうが強いのです。いったん貸したならば、たとえ借用証があったとしても返してもらうのは大変なこと。あなたと彼との関係は、教員―卒業生からお金の貸借関係にかわってしまったのです。あなたは、そのことが気になったから私に訊いてみようと思ったのではないですか。

　彼がいつか満額全部返してくれたとしても、次はないことをはっきり伝えましょう。それで連絡してこなくなってもそれはそれで仕方のないこと。このままなしのつぶてだったら……。それは、**身過ぎ世過ぎの苦さを学んだ授業料**だと思うしかありません。あなたは一つ勉強し、彼は一つまた世間を狭くしたということです。

　え？　赤田先生はそういうことはなかったか、ですか。はい、ないわけないじゃないですか。あったからこそ、あなたにこんな話ができるんですよ。さまざまな授業料を払いましたよ、口には出せないことも、そりゃたくさん……。

［トラブルは避けて通れません］

「セクハラ」疑惑が降りかかりそうです！

Q　職場の人間関係で困っています。私は男性、独身で教員になって13年目、現在35歳です。彼女は30歳ぐらいでやはり独身です。３カ月ほど前のこと、職場を出るのがちょっと遅くなった時に、何気に「同じ方向だから」と気軽にクルマに乗せてあげたのがきっかけでした。その後、何度か乗せてあげているうちに、彼女がクラスのことや部活のことなど、クルマの中で悩みを話すようになりました。そのうち、クルマの中だけでは話が終わらず、クルマを置いて遅い時間からお酒も飲むようになりました。私は彼女のことを女性として特に意識していたわけではありませんでした。職場の多少仲の良い同僚という感じで、もちろん結婚など全く考えていませんでした。

先月初め、何がきっかけだったのかわからないのですが、急に彼女の態度がつんけんするようになり、そのうち同じ学年の先生に「私は、〇〇先生からセクハラを受けた」と言っていると聞きました。校長にはまだ話していないようで、単なる職員室の噂レベルでの話なのですが、職場の中での私の立場がなくなりつつあります。特に女性の先生の視線がきつく、仕事もやりにくくて仕方がありません。ちなみに私は、一切彼女のからだに触ったりはしていません。アドバイスをお願いしたいのですが。（保土ヶ谷区・中学校教員）

A　そういう問題って難しい。私はあなたのことをよく知らないし、その女性教諭のこともももちろん知りません。その上、事実関係がはっきりしませんから、憶測だけで答えたくありません。でも、こういうケース、最近よく耳にしますので、想像力をたくましくして考えてみましょう。

あなたは、たぶんとっても人が良くて、親切な人なのでしょう。先生という職業に就く人に多いタイプです。他人に対する警戒心も薄い。こういう人は、物事がうまくいっているときはいいのですが、ボタンの掛け違いひとつで、とんでもないことに遭うことがあります。私の知人で、気分の悪くなった生徒を介抱したことがセクハラと認定され、懲戒処分を受けた人がいます。もちろん事実無根のことだったので、処分撤回を求めて人事委員会に提訴、処分を軽減させ、セクハラの汚名は晴らすことができましたが、そのために4年もの時間と多額のお金を費やすことになりました（拙著『教員のミカタ』参照）。

さてあなたのことですが、親切心からであっても気軽に同僚女性をクルマに乗せるのはどうでしょうか。あなたに下心があって「できればお近づきになりたい」という気持ちがあったならば、問題はないのですが（たぶん）。つまり、女性の中には（もちろん男も同じですが）、単にクルマに乗せてもらうこと＝好意と考える人もいます。「その気はなかった」とあなたは書いていますが、どうでしょうか。クルマという狭い密室に相手を乗せるわけですから、古くさい言い方ですが、あなたにも彼女を少なくとも「憎からず」と思う気持ちがあったのではないですか。あなたの親切を、彼女がささやかな「好意」と受け取ったとしても文句は言えません。

クルマから食事に進行するのは、恋愛の始まりとしては珍しいものではありません。あなたは、いやそんなことはない、ただ話を聞いただけ、相談に乗っただけだと言うかもしれませんが、男女が二人きりでお酒を飲んだりモノを食べたりするのは、一般的にとってもセクシャルなことです。「ともに飲み食いする」は、ある一定年齢以上の男女にとっては、内面的な意味をもつ行為だということに**あなたは無頓着すぎます**。

「いや、職場の仲間とよくいきますよ、それと同じですよ」とあなたは言うかもしれませんが、いつものように3、4人でガストかなんかでおしゃべりしていれば、さしたる問題もなかったんでしょうが。しかし、あなたはガストには行かなかった。自分のほうが先輩だという思いもあり、二人きりで行くならとつい見栄を張ってしまった。そこそこ小じゃれたお店に連れて行ったのではありませんか。勝手な憶測ですが……。

だとすれば、ここに男の、あなたの不作為があります。それまで職場の中で、彼女は遠くから先輩のあなたのことを、いくばくかの好意をもって見ていたかもしれない。そんなあなたが偶然とはいえ、クルマに乗せてくれ、悩みを聞いてくれ、今度は食事！　あなたがどれほどの好男子か私にはわからないけれど、そのときのあなたは彼女の目にはキラキラ輝いて見えたのでしょう。

ところが、あなたはそんな彼女の思いに気がついて、同時に自分が彼女に魅力を感じないことから、少しずつ距離を取り始める。クルマにも乗せなくなる。すると彼女の自分を見つめる視線がうっとうしくなる。この人は私には気がないとわかれば、それであきらめる人もいますが、彼女にはそれができない。混乱してしまい、正常な判断ができなくなる。

「これって私の気持ちを弄んだってこと?」「どうして私がこんな目にあわなければならないの?」あなたの気持ちとは裏腹に被害者意識のてんこ盛り。ここで引き返せばいいのだけれど、その先はストーカーになるか、セクハラ攻撃になるか。いずれにしても良い結果にはなりません。まれに、こういう局面で虚言を弄する人がいます。あり得ないだろう?と思うかしれませんが、あります。**虚言というより、実際にあったと思い込んでしまう**ようです。

あなたは、自分は別に何もしていないのにと考えていますね。その通りかもしれません。でも世の中には、**何もしないのに起こるトラブルもあります**。厳しいかもしれませんが、その原因はあなた自身にあると考えておくべきです。何もしなかったというのは、適切な対応をしなかったということ。そこから起こるトラブルです。

不幸中の幸いは、あなたが身体的接触を一切していなかったこと。わずかでも接触があれば、このケースではたとえ同意があっても「無理やり、抱きすくめられた」「キスされそうになった」で、おしまいです。何を言っても証人はいませんし、やったと言うのに対し、やっていない証拠を示すのは至難の業です。それがなかったから、今回はさほど大きな問題にはなっていないのでしょう。でもわかりません。彼女の中で何かが再燃すれば、やっていないこともやったことになってしまうかもしれません。

「そんなのおかしい！」とあなたは思うかもしれませんが、世の中にはおかしなことなんていくらでもあります。電車の中の痴漢冤罪もそうです。「痴漢された」という主張に対して「やっていない」ということを立証することは難しい。たとえ美人局（つつもたせ）であっても、そこから逃れるのは容易ではありません。

さて、**今あなたがなすべきことは、慌てずにふつうに勤務すること。彼女とはかかわりをもたないこと**。くれぐれも彼女に言い訳をしたりしないように。すればあなたの立場はもっと悪くなります。それよりも話が校長の耳に入ったときのために、**客観的な経過を記した文書を準備しておくこと**です。複雑怪奇な現実世界においては、さいころはどっちに転ぶかわかりません。クルマに乗せた回数、食事をした回数と時間、お店の名前、領収証があればベスト。きちんと申し開きしましょう。それでも疑われるようなら、**一人で対応せずに弁護士か信頼できる労働組合に相談すること**です。一人でのたたかいは勧めません。セクハラは重い処分事案ですし、教育委員会は教員一人が相手なら、予断で強引に進めてしまうこともないとは言えません。管理する側は、火があろうがなかろうが、煙が出たらとにかく消したいわけですから。ここでの判断を間違ってはいけません。

あなたがバタバタせずに、普通に仕事をしていれば、彼女の中の炎も少しずつ下火になり、いつかフェードアウトしていくかもしれません。少しの間の辛抱です（たぶん）。

［トラブルは避けて通れません］

先生どうしの恋愛ごとがこじれて困っています。

Q 教員同士の人間関係で困っています。同じ学年で座席も近いA先生（26歳・女性）とB先生（28歳・男性）ですが、仕事上のことでいろいろ話すことも多く、お互い独身ですからどちらからともなく惹かれあったようで、周囲も公認の仲でした。いずれは結婚するだろうなと私も思っていたのですが、思いがけないことが起きてしまいました。

先日、B先生がコロナに感染、1週間ばかり休んで出てきたときに、A先生とB先生の関係が妙にぎくしゃくしているのに気がつきました。ある時廊下で大きな声で言い合いをしていたので、まずB先生を呼んで話を聞いてみました。すると、休んでいるときに他学年のやはり独身のC先生（28歳）が電話をしてきて、「A先生から相談を受けた。B先生と距離を置きたいと言っている。理由はB先生には私とは別に好きな人がいるからだ」といった内容だったそうです。B先生は変だなと思ってA先生に確認すると「そんなこと言ってないよ」と否定したそうです。そこで私のほうでC先生を呼んで確認すると、「いや言ってましたよ。私、聞きましたから」。A先生とC先生の間は当然険悪になりましたが、B先生は二人がいがみ合うのを見ているうちに気持ちが醒めてきて、今度は自分のほうからA先生に距離を置きたいと言ってきたとのこと。

その後、C先生とB先生が付きあったということはありません。若い先生たちのことですから恋愛関係は仕方がありませんが、生徒のいる廊下で険悪な空気を出されるので、周りの先生たちも困っています。私もどこから手をつけていいのか困っています。（56歳・中学校校長）

A 新聞やテレビで報道される学校現場の多忙さからすると、なかなか想像しにくい状況ですね。まるで職員室がもう一つの教室のように思えます。お話からすると、これはC先生の妄想によるところが大きい案件ですね。それがB先生に対する好意からきたものか、あるいは何らかの負の感情によるものか判然とはしませんが、妄想からくる思い込みが現実の関係に入り込んだ結果、面倒な事態を引き起こしてしまったということですね。神経科のクリニックを受診すれば、たぶん何かの病名がついてくるのでしょうが、C先生が症状を自覚していなければ受診はむずかしいかもしれません。

こうした**虚言と思われる例**は私も今までに何度か経験しています。生徒のケースでは**オオカミ少年のような例**がありました。何度も同じ嘘を繰り返すので、そのうちに周囲から相手にされなくなるのですが、自分としてはほんとうのことを言っていると思い込んでいるため、まわりがなぜそういう態度で接して来るかが理解できず、そのつど落ち込んでしまう。どちらかという発達的に幼い感じの生徒でした。

もう一つはもう30年以上前のことですが、保護者の例です。クラスの役員をやっていて私と話す機会が多かったことから、「私（赤田）が言った」というかたちで流言を流してしまう人でした。わが子がどれほど先生（私）に認められているかといったたわいのないことではありましたが、言っていないことを「言った」として伝えられてびっくりしたのを覚えています。どこで言われているのかわかりませんので対応できず、中身によってはいろいろ齟齬が出てきてしまうもの。この時は周囲の何人かの保護者が、彼女の〈癖〉を了解しているところがあったので、上手に対応していただいて、大事には至りませんでした。

さてC先生ですが、校長先生は評価者になりますから、できれば**養護教諭かカウンセラーの方にじっくり話を聞いてもらえたらいいなと思います**。素人の浅はかな考えですが、C先生には、仕事だけでなく長年抱えてきた鬱屈したものがたくさんあるような気がします。初めは小さな悩みだったものが積み上がっていくうちにキャパを超え、防衛本能として妄想をつくり出してしまうのかもしれませんし、そうした環境的なものではなく生来のものの可能性もあります。先の保護者の例のように、今までも同じことを繰り返してきた可能性もあります。

いずれにしても人間関係の上で満たされないとか安心できるものが築けていないとか、そうしたことが根底にあるのではないでしょうか。じっくり話すうちに医療につなげる道筋も見えてくるかもしれません。**どなたかが親身になって話を聞いてくれることだけでも**、C先生にとっては気持ちの安寧が保てるようになるはずです。

そういう手はずは、校長の仕事なのかと思う向きもあるかもしれませんが、少なくとも校長には職員の健康と福祉に気を配る義務がありますし、安全に配慮する義務もあります。先生方の働き過ぎ、過労にも気を使わなければなりませんが、何より心の穏やかさを維持することも重要です。子どもたちにとって一番大事な環境は、学校にあっては教員ですから、そのために心を砕くのは校長の大事な任務です。え？　私もしんどい？　その時は連絡してください。私がお話を伺います。

［トラブルは避けて通れません］

給食への漂白剤混入事件が、信じられないし、許せません。

Q 教員志望の大学院生です。埼玉で起きた給食への漂白剤混入事件についてずっと考えています。３年目の若い先生が担任を外されたことで、自分が担任していたクラスの給食に塩素系漂白剤を入れたということですが、自分のクラスだった児童が食べることがわかっているものに、死ぬかもしれない薬を入れるという行為が私には信じられません。どうしてそんなことができるのでしょうか。担任どころか教員として人間として許せないと思います。この先生を採用した教育委員会にも責任があるのではないでしょうか。先生はこの事件についてどうお考えですか。

（教員志望・院生）

A ２０２２年９月に埼玉県の富士見市で起きた事件。新聞報道によると、２年続けてもっていたクラスの学級担任を外され悔しかったことが動機で、勤務先の小学校の配膳室でカレーが入った容器に塩素系漂白剤を入れ、学校業務に対する威力業務妨害の罪に問われた事件ですね。容疑者は24歳の教職３年目の先生。初任で４年生の学級担任となり、２年目も引き続き５年のクラスを担任。３年目は持ち上がらず３年生の担任となったようです。

自分のクラスだった児童らが食べるカレーに漂白剤を入れたことに対し、あなたは、許せない、どうしてそんなことができるのかと憤っています。ですが、私は少し違っていて「どうしてそんなことができるのか」とは思いません。**人間はやってはならないこと、できないと思われていることでも、時にやってしまうものだと考えているから**です。**また「許せない」とも思いません。**法律は罰を与えることで「許す」ことの程度を決めますが、私が「許す」「許せない」と考えるならば、それはどの範囲なのかをよく考えてみなければならないからです。

そのため、事件がどういう質のもので、**容疑者は何をどう考え感じていたのかを想像してみることが大事**だと思っています。

報道だけではわからないことがいくつもあります。まず容疑者に与えられた**罪状**について。児童らが食べることがわかっているものに漂白剤を入れたのなら殺人未遂罪ではないのかと考えました。調べてみると、殺人（未遂）罪が成立するには、漂白剤の致死量や殺人という行為に着手したかどうかが問題となるそうです。今回のケースでは食缶の大きさと漂白剤の量との関係から、たとえ漂白剤が体の中に入ったとしても死亡には至らない、さらに混入したとしても、教室で食べさせるに至らないと殺人の着手に当たらない、といった判断が捜査当局にあったため威力業務妨害罪ということになったようです。殺人でないなら暴行罪か傷害罪が考えられますが、これらには未遂罪はないとのこと。いずれにしても容疑者にとって殺人未遂罪とならなかったことはよかったと思います。

2つめ。容疑者は2年続いてもっていた学級担任を6年生になる3年ももちたかったといいます。小学校では、2年続けて担任をもつことは20年以上前まではよくありましたが、現在では1年ごとに学級担任が代わるのが通例のようです。3年間担任を続けるというのは今ではかなり異例で、何か特別の事情がある場合に限るようです。ですから容疑者のように3年目も同じクラスをもちたいという希望からは、かなり特異な印象を受けます。

さてここからは想像です。容疑者にとってこのクラスは教員になって初めて学級担任となったクラス。どの仕事でもそうだと思いますが、就職して初めての仕事は、たとえ困難なものであっても忘れられないもの。慣れない教職に就いて容疑者は2年間、もてる力をすべてこのクラスに注いだのではないでしょうか。

私も初めて卒業生を出した中3のクラスには、今でも特別に強い印象があります。卒業式の終わったあとの数日間は、ほろ苦い大きな喪失感に包まれたのを今でも覚えています。そういう感情は経験を重ねていくうちに、かなり**一方的な思い込み**であることに気づいていくものですが、若い教員にとっては、日々の児童・生徒との濃密なかかわり、そこで培われた関係への思い入れは、児童・生徒の側の思いに比べかなり強いものと思われます。

この容疑者にとっては2年間持ち続けたクラス、児童たちに対する思いは、そうした意味で非対称の、かなり一方的なものだったと想像できます。もしかすると、それはもう恋愛感情に近いものだったのかもしれません。犯行までの約半年もの間、容疑者はクラスの彼ら彼女らに対して、強い思慕の念をもち続けたと考えられます。こうした場合、通常であれば持ちあがりを許さなかった校長に反発心をもつものですが、容疑者の場合は、それよりも児童への見果てぬ思いのほうが強かったと考えられます。

給食の時間、学級閉鎖となった自分のクラスを離れ、容疑者は給食室に向かいます。6年生は修学旅行の前日。「万全の状態で修学旅行に行かないでほしい。自分のいないところで楽しい思い出をつくることが嫌だ」（被告人尋問）といった自分勝手な強い否定的な感情から、自分で購入した塩素系漂白剤をカレーの入った食缶に入れます。供述では、わずかに入れたあとはっと気づき、すべて入れれば気がついてくれるだろうと思い、残量すべてを混入したとのこと。結果的にかなりの異臭が発生して、児童らは被害を受けずに済みましたが、この行為、供述をどう考えればいいでしょうか。

漂白剤を混入したところで、容疑者が3年目のクラスをもつことにはなりません。容疑者はこの行為が犯罪であり、発覚すれば罪に問われ、教員を続けられないことにどれだけ自覚的であったのしょうか。

容疑者にはそういうことはぼんやりとは意識されていたかもしれないのですが、それよりも児童らへの思いの強さのほうがはるかにまさっていたのだろうと私には思えます。では、そんな強い思いの対象である児童らが食べるものに、容疑者はなぜ漂白剤を混入させたのでしょうか。供述から私に読み取れるのは、児童らを傷つけたいという感情、意志ではなく、前後の脈絡が分からなくなった中で、学級担任である自分を含めて「クラス」だという強い一体感に気がついてほしいという、**一方通行のいびつな願い**のようなものです。異臭に気づいてくれればという供述は、幼稚で自分勝手なものであるだけに、かえって切なくさえ感じます。私はこの時、彼女には犯罪成立の要件である責任能力が欠けていたのではないかと思います。

容疑者がこれほどの事件を起こしてしまうとは、だれも予想できなかったでしょう。しかし、だれか彼女の異変に気がついた人はいなかったのでしょうか。半年もの間、容疑者は自分の中で大きくなったり小さくなったりする嵐のような感情をもてあましてきていたはずですから、なにかしらの兆候は見て取れたのではないでしょうか。

容疑者を許せないというあなた。もしこの事件から学ぶ教訓があるとすれば、あなたが教員になったときに、**いつも同僚への関心を失わないこと、近くにいてさまざまな変化を感知するセンサーを磨いていくこと**を望みます。

追記

2023年3月、さいたま地方裁判所は教諭だった容疑者に対し、懲役2年執行猶予4年のかなり重い有罪判決を言い渡した。検察、被告、ともに控訴したという報道はまだない。

第5章

「定額働かされ放題」でいいんですか？

［「定額働かされ放題」でいいんですか？］

部活でヘトヘトです。気持ちが落ち込んできて、たまらなくなります。

Q　サッカー部の顧問なのですが、6月の部活は20連勤でした。朝練も週に2回。土日は試合のため遠征が続きました。くたくたになって月曜日出勤すると、管理職は「疲れていないか」と気遣ってくれますが、それで仕事が減るわけではありません。休んでいいんだよとも言われますが、もっと高齢で部活をやっている人がときどき月曜に年休をとるので休めません。それに、疲れて月曜日に年休では若い人に示しがつきませんし。

授業は週18時間です。落ち着かない生徒が多いので授業もけっこう大変です。空き時間は学年のフロアにいることが多いです。放課後は生徒の委員会があったり、諸会議が入り、夕方から1時間半ほどグラウンドに出て指導。下校指導の終わる18時半ころから、ようやく教材研究や行事の準備、それに中体連の事務局の仕事などに取り掛かり、退勤は毎日21時を過ぎてしまいます。

クルマ通勤なんですが、ハンドルを握りながら「やめたら楽だろうな」とばかり考えてしまいます。ときどきひどく気持ちが落ち込んできて、たまらなくなる時があります。そういう日は寝つきも悪く、寝不足になりがちです。テレビなんかでも教員の多忙化が取り上げられると、私のような教員が出てきますが、そういう人はどうやって仕事を続けているのでしょうか。私は来年異動を考えていま

す。**異動すれば、少しは違うのではないかと思うのですが、甘いでしょうか。（38歳・中学校教員）**

A 人間はそんなに頑丈にできていません。からだの声を聴いてください。**とにかくまず休むこと**です。授業やクラスや部活のことを考えてしまうと休めないのかもしれませんが、このままほうっておけばいつかどれもできなくなってしまいますよ。足を骨折したらどうしますか？ 休みますよね。それと同じです。療養して治ったらまた出てくればいいだけの話です。自分がいないと困るだろうなんて考えていませんか。困りません。いなければいないなりに周囲は何とかするものです。

数日休んでも気持ちが楽にならなかったら、迷わず神経科のクリニックを受診してください。きちんと症状を伝えればたぶん1カ月程度の休養を勧める診断書が出ると思います。療養休暇ということになります。療養休暇は最大90日取得できます。1カ月後に再度診察を受け医師の判断に従ってください。

学校への連絡は、辛ければ家族の方に頼んでください。独り身で近くに親族がいないようでしたら、信頼できる同僚か友人に頼んでください。わざわざあなたが行って自分のことを話す必要はありません。私は、そういう方の相談を受けた時は、まず組合に加入してもらい、私を代理人に指名してもらいます。委任状に署名捺印してもらえれば、代わりに私が職場へ行き、校長と話をします。大切なのはあなたが**無理をしないこと**。

あとのことが気にかかっているかもしれませんが、それはあなたの仕事ではありません。代替教員を探すことや部活動への対応などは**管理職の仕事**です。校長には教員の安全に配慮する義務があります。あなたの不調はそれが果たせていなかった結果です。

大阪の西本武史さんという教員は、精神疾患を患ったのは校長が安全配慮義務を怠ったからだとして損害賠償を請求する裁判を起こしました。2022年6月に大阪地裁で出された判決は「……追い詰められた精神状態を窺わせるようなメールを受信しながら、漫然と身体を気遣い休むようになど声掛けなどするのみで抜本的な業務負担軽減策を講じなかった結果、原告は本件発症に至ったものと認められる」として満額の損害賠償を認めました。

あなたのところの校長も「疲れていないか」「休んでいいんだよ」との気遣いは見せましたが、「抜本的な業務軽減策を講じなかった」のは同じです。

こうしたことが起きるのは**教員の勤務時間管理が緩すぎる**ことに拠ります。労基法が原則適用されていれば、時間外勤務は一定に規制され、あなたのような働き方にはならないのですが、教員の場合、教職調整額4％を支払う代わりに残業代は出ない仕組みになっているため、いわゆる**定額働かせ放題が当たり前**になっています。**全国で年間5000人以上の教員が精神疾患で休職をしていますし**、そのせいか学校は恒常的な教員不足となり、新採用教員の採用倍率も低下の一途をたどっています。

今のあなたの状況が、あなたの個人的なものではなく、教員の労働問題の一つであることがおわかりだと思います。けがを治すために相応の時間がかかるように、心や気持ちの状態を直すのにも時間が必要です。もし長くこの仕事を続けていくつもりなら、**自分を守るために勇気をもって休んでください。**

「4時からの出張」は、どこがおかしいのか。

Q 赤田さん！　4時からの出張っておかしくないですか！　おかしいって思わない人のほうがおかしいよねえ！（緑区・中学校教員・42歳）

A 日々仕事に埋没していると、物事の理非曲直が見えなくなってしまうものですが、あなたはいつもまっすぐ本質に迫りますね。体育の教員らしからぬ鋭さ（失礼！）、敬意を表します。

最近はオンラインの出張が増えているようですが、実際に現地に行くリアルの出張の場合、4時開始は本来あり得ません。主催、企画した人たちには公務員としてのコンプライアンス精神が全く感じられません。

ご存知のように、わたしたちの勤務時間は、休憩時間45分を別にして7時間45分となっています。これを**所定労働時間**と言います。根拠は**労働基準法32条**です。数字のきりが悪いのは、8時間とすると月によって休日の日数が9日とらなければならないケースがあるからです。これに休憩時間を含めた8時間30分について**勤務時間の割り振り**を行ないます。これは校長の業務です。

割り振りは毎年市教委に提出されています。また**給与の発生しない休憩時間**ですが、たいていの学校では15時30分～16時15分くらいに始まることが多いようです。本来なら昼食時間に割り振られるのが自然なのですが、教員の場合、お昼は児童・生徒の給食、食事時間ですので、たとえ一緒に食事をしたとしても休憩時間にはなりません。「給食指導」「食事指導」などというあまり坐りの良くない言葉があるのもそのためです。

さて、4時開始の出張のことですが、校長あての出張依頼文書には「貴校職員○○先生の派遣をお願いします」とだけあって、「休憩時間○時○分～○時○分」などと書いてあることはありません。横浜市内はバスや電車を乗り継いで徒歩を入れても所要時間が90分を超える出張先はまずありません。4時開始という指示であれば早ければ14時30分に職場を出ることになります。ぎりぎりに到着してすぐ会議が始まり、1時間で終わったとしても17時。勤務時間終了の17時15分を超えることもあるでしょう。

出張の主宰者はたいてい校長や教育委員会ですから、本来なら休憩時間を確保したうえで、超過勤務とならないよう配慮をしなければならない立場であるのですが、そんなことを考えている人はいません。これがコンプライアンス精神がないということです。自分たちがそうしてきたからなのか、**休憩時間や超過勤務を軽く考えている管理職が多い**ですね。

一時、市教委は「出張の際の休憩時間は、移動時間を充てる」などとしていましたが、一教員の措置要求の結果、これはなくなりました。つまり出張先で休憩時間が確保されなければならないことになっているわけです。主宰者は会議等が1時間程度ならば終了時間を16時30分として設定、「**休憩時間**は勤務時間の間でとらなければならないが、今回は特別な運用として勤務時間終了時刻17時15分とします」と**事前に出張依頼文書で告知すべき**です。となると、会議等の始まりは15時30分ぐらいをめどとすることになります。長時間かかるものであれば、2時半、2時と繰り上げるべきです。

一方、出張がオンラインの場合、校内某所でパソコンに向かうわけですが、会議等の時間の設定が15時~16時になると、休憩時間にかかってしまうという問題が出てきます。その時、休憩時間を後ろにもってくるという対応を管理職がしてくれればいいのですが、個別に割り振りをする必要があっても管理職はなかなかしないですね。その原因は、**休憩時間という概念が学校という職場に定着してこなかった**からです。時間外勤務に対する無頓着さと同様です。これは教員には労基法を適用除外とされている条項がいくつかあり、**給特法が適用されている**ことが大きいのです。

とはいえ、所定労働時間を定めた労基法32条、休憩時間を定めた34条も適用除外にはなっていません。学校だから、教員だからといって所定労働時間や休憩時間が守られないのは**労基法違反**ということになります。

［「定額働かされ放題」でいいんですか？］

旅先にまで電話してくる管理職がいます。

Q 夏休み中のことです。休暇をとって東北に旅行に行ったのですが、田沢湖近辺で教頭から電話が入りました。「あなたのクラスの親が先生に会ってお話したいと言っていますが、どうしましょうか」と言います。今東北なので戻ってから連絡しますと返事をしたのですが、それからそのことが心にひっかかったままで、なんだかあまり楽しめない旅行になってしまいました。戻って保護者に電話したのですが、学校へ電話をくれた親と仲の悪い親が、第三者に子どもの悪口を言ったということで「うちの子はそんなに悪い子なのか、先生にお訊きしたい。夏休みが終わるまで待てない」ということでした。私に、お宅の子はそんなに悪い子ではありませんと言ってほしかったようで、「○○ちゃん、いい子ですよ。私のお手伝いなどもよくしてくれるし」と答えたら、ほっとしましたと電話切りました。

なんだかなあと思いましたが、それは別として、私が年休をとって旅行に出ていることは動静表に書いて提出してありますから、教頭は知っているはず。なのに、わざわざ旅先まで電話をしてくるその神経がわかりません。内容を聞いて少し話をしてあげて、「先生が戻ったら連絡してもらいますね」くらいの対応がなぜできないのかとはらが立ちます。（大阪府・小学校教員）

A 居酒屋で呑んでいるとき、急な用事で出かけようとしたとき、目の前でパラパラと数字や絵が揃いそうなとき、**学校からの電話**はたいてい間が悪いときにかかってきます。以前ならば自宅にさえいなければ、電話に追い回されることはなかったのですが、これだけ携帯が普及するとどうにもなりません。「電話に出られません」と着信拒否しても、ショートメールに用事を入れられると返信しないわけにはいかない。携帯は便利だけど困りもの。

逃げ道は「ケータイ、家に置いたままだった」しかありません。

教頭は基本的にどこの学校でも電話番なんですが、ほんとうに電話番だけの人もいます。取り次ぐ先生が年休をとっていようが、風邪で休んでいようが、平気で携帯に取り次ぐ教頭、確かにいます。あなたのところの教頭もそんな人、困った人ですね。

荒れた学校に赴任したての頃の話です。私のクラスの生徒数人が公園でタバコを喫っていたとのこと。これから指導するのでと、生徒指導専任から電話をもらったことがありました。夜の9時ごろのこと。「いや、もう遅いし、クルマもないし」と婉曲に行かないよという意思表示をしたのですが、「いえ、これからお迎えに上がりますので」と言われて、つい「はい、どうも」と答えてしまったことがありました。

長くその学校にいる間に、私は学年主任を何年か務めたのですが、「何か起きたときに、担任や担当者をすぐに呼べばいいってもんじゃない。だれでもどうしても行けない、来られないときがある。いない人を呼び出して来るのを待っているより、**まずはそこにいる人間でできる対応を**

する。たとえ中途半端な対応になっても、それが、いなかった教員も含めての**チームの力**。あの人がいればなんとかなったのに、ではいつになってもチームの力はついていかない」と言ってきました。これは浸透していきました。いなかった人があとで肩身の狭い思いをしなくても済むからでした。

夏休み中でも、職員がどのような勤務形態になっているのかを把握しておくのは管理職の仕事ですが、**年休を取っている人に用件の中身もわからない電話を平気で回してくるのは非常識**です。教頭は学校の窓口なのですから、まず相手の用件をしっかり聞いて、その先生が不在ならば、たとえ年休中であっても連絡すべき緊急のことなのか、そうでないかを判断。それでも保護者が不安そうであるなら、差し支えなければ少しお話を伺ってもと話を聞き、大事な判断は留保して「そういうご事情ならご心配ですね。担任の先生、本日は年休を取得しておりますので、後日必ず連絡を差し上げるよう申し伝えますので」。管理職試験に受かっているのだからこのくらいのことは言ってほしいですね。

勤務時間って、そんなに簡単に延ばすことができるんですか?

[「定額働かされ放題」でいいんですか?]

Q ごぶさたしています。職場のことを少しだけ。今、年度末反省の職員会議をやっているんですけど、疑問に思うことが二つありました。一つは、自然教室が終わった後の勤務について意見が出ました。私も同じ学年なのですが、5月に日、月、火という日程で行なったんです。水曜日は日曜の代休で生徒も先生もお休み。木曜日からは平常の授業になりました。私は「そんなもんかなあ」と思ってたんですが、意見を出した人は「行事の間、朝早くから夜中まで働いた。出発前日だってはじめから超過勤務だったし。帰ってからもすぐに生徒指導で遅くまで働いた。これでなんの措置もないのはおかしい」と言っていました。普段はあまり自分から意見を言う先生ではないんですが、ちょっと怒っているようでした。赤田先生、この意見ってどうなんでしょう。

校長は「皆さんが大変な思いをして働いていらっしゃることは重々わかっています。しかし、こういうご時世で学校に対する風当たりも強くなっています、行事があったからそのぶん休んで、というわけにはいきません。代わりというわけではありませんが、どうしても体調がすぐれない、という方は遠慮なく申し出てください。それなりの措置はとりますから」ということでした。けっこういい校長先生でしょ? でも、その先生「そんなのおかしい」と言いかけたんですが、横から主幹教諭の先生が大きな声で「そういうのは組合でやってよ。個人的な話を公の会議で言うのはおかしいんじゃない。おれたちは生徒のために働いているんだし」とちょっと怖めに言ったんで、その先生、それ以上は言えなくなってしまいました。フー。

それからもう一つありました。教務主任から「来年度は新教育課程が始まって授業時数も増えるから、今までどおりの日課表ではやっていけない。勤務時間開始を20分早めて始めたい」という提案がありました。これにはもう誰も何も言いませんでした。私はつい横に坐っている先生に「エー？それって20分始めたら20分早く勤務が終わるってことですよね？」って聞いたら、小さい声で「そんなことあるはずないだろ。部活だってあるし。勤務時間が長くなるだけだよ」。「えー？　そんなのおかしいじゃないですか。プンプン」って言ったら、「じゃあ、今発言すれば」って言われました。へへ、言えるはずないですよね。でも、まだモヤモヤしています。勤務時間ってそんなたやすく延ばすことってできるんですか？　今度電話しますから、先生、いろいろ教えてください。（都筑区・中学校教員・29歳）

A 久しぶりです。あなたの職場レポートは、暗い話なのにいつも明るくていいですね。

まず一つ目。基本的なことですが、自然教室を含めて宿泊行事等には横浜市では「**一カ月単位の変形労働時間制**」が適用されます。ふだんの勤務時間は7時間45分ですが、宿泊行事などの場合、1日の勤務時間の上限を12時間として割り振ります。通常より4時間15分勤務が長くなりますね。そのぶんを行事実施後一カ月の間に勤務時間を短く調整していきます。2泊3日の宿泊行事なら3時間30分しか働かない日を2日ないし3日つくることになります。週休日を増やさないという決まりがあるので、まるまる1日分として休むわけにはいきませんが、実際の行事が12時間の勤務で終わるわけがないので、超過勤務が生まれます。この分も当然「適切な配慮」という形で返してもらいますから、変形分＋適切な配慮で結果として1日を休むことも可能になります。

もう少しわかりやすく説明しましょう。労基法は週労働時間を定めています。超過勤務に対しては2割増し、あるいは5割増などの高額の手当を設定しています。これは、労働者がむやみやたらに超過勤務をさせられ、健康で文化的な生活が送れなくなることを防ぐための措置なのですが、仕事によってはどうしても繁忙期が出てきてしまいます。そこで考え出されたのが変形労働時間です。自然教室の場合、生徒の学校出発が7時半だとすると教員の集合は遅くとも30分前7時になります。ここから12時間つまり夜の19時までを勤務時間とするわけです。しかしそのころ、生徒は夕食が終わったばかり。このあと入浴や反省会、自由時間などまだまだ活動中ですね。就寝時間、その後の見回りを入れると、勤務は深夜に及びます。当然19時以降は超過勤務となります。

教員には超過勤務は命じない、という大原則のもと、限定された4項目に限って命じることができます。学校行事もその中に入ってはいますが、命じることができるのは緊急やむを得ない場合に限りますから、この場合は当てはまりません。こういう時間を横浜市では「命じる対象でない勤務」として計測しています。割り振りではみ出たぶんだけでなく、こうした超過勤務分もしっかり返してもらわなければなりません。

勤務時間を超えて働かせたわけですから、**責任をもってはみ出た部分を返すよう措置をとるのが管理職の仕事**ということになります。「体調が悪かったら申し出て」なんて管理職は、一見優しそうにみえて、物事の道理がわかっていないということですね。さらにその主幹教諭、いまだにこういう人がいて主幹教諭になっちゃってる。困ったちゃんです。狭い経験知を振り回すだけの人が職場のリーダーを気取っていると、職場の働き方はどんどん悪くなっていきます。

管理職は行事実施前に割り振り変更について文書で職員に明示し、この形でよいかどうかを確認し、事後においては1カ月のうちに気兼ねなく振り替え分をしっかり取れるよう他学年の職員にも周知し、取ったかどうかをチェックし、取れていない場合はなるべく意識して取るよう促す、というのが責任ある管理職の仕事です。またその時、職員同士が仕事をうまく融通しあい、取りやすく協力することも大切なことです（これは現実的な対応なのですが、宿泊行事そのものが法の枠内に収まりきれないものだという認識も忘れてはなりません）。

次に**勤務開始時間変更の件ですが**、**論外です**。教務が提案すること自体が違法なことです。勤務時間の変更や設定の権限は校長にありますから、**校長が提案すべき案件**です。その時、校長は勤務条件の変更を行なうわけですから、地方公務員法第55条にある**職員団体との交渉を行なうべ**

きです。職場に浜教組の分会や横校労の支部があった場合は、当然そこと交渉を行ない、合意を目指すべきです。と、ここまでが大原則。

そもそも**授業時数が増えるから勤務時間を延ばすなんて発想がいかにおかしなことか**、おさえておくべきです。では授業時数が減れば勤務時間を短くしてもいいんですか？ということになってしまいます。さきほども触れましたが、私たちは私塾をやっているわけではありません。時間を切り売りしている賃金労働者です。ある日、大きな仕事が入ったから「今日は残業、頼めないかな」と社長が言います。この場合労基法に則ってあらかじめ締結されている36協定に従って残業時間を確認し、それに応じて社長は超過勤務手当を支払わなければなりません。

でも「みんな悪いけど今まで仕事を8時に始めていたけど7時半にするね。取引先の資材の搬入が来月から早まったから。終わりも早めるから勤務時間は変わらないから問題ないね」。いや、あります。たとえ所定労働時間が変わらなくても、30分早めるということによる勤務態様の変化、生活には大きな影響があるわけですから。例えば子どもがいれば保育園への送りも早くなるし、それに見合う延長保育の費用もかかるかもしれません。そうでなくても、勤務開始が30分早まることは生活リズムに大きな影響を与えます。

法的には、**会社は就業規則の変更するための手続きをとる必要**があります。変更の内容、パート、アルバイトも含めて変更の及ぶ範囲を明らかにして、労働者代表（労働者の過半数を組織する労働組合など）に提示、交渉を経て合意すれば就業規則の変更を行なうことになります。その際、諸法規に違反していないことを確認します。

では、公務員、とりわけ学校はどうかというと、これが杜撰そのもの。あなたの学校のように職員会議で教務主幹が変更しますというとそれで通ってしまう。あり得ません。地公法は労働組合法ほどしっかりしたものではありませんが、**勤務条件の変更については職員団体との交渉を義務付けています**。この場合も教務主幹の出番はなく、校長が職場の中の職員団体に変更を提示、合意を得なければなりません。

職員団体は、所定労働時間は変わらなくても勤務開始時間を早めることによる職員一人ひとりへの影響を考え、判断しなければなりません。しかし、残念ですが、こうした手続きをきちんととっている職場はほとんどありません。

今の学校の勤務実態からすれば、この提案が実質的に勤務時間の延長となることは間違いありません。一人ひとりの生活に大きな影響の出る問題です。**全員が納得しなければ提案は蹴るべきです。きちんと交渉をしましょう。**

［「定額働かされ放題」でいいんですか？］

校長が恩着せがましく言った「配慮」ってなんですか？

Q 毎月のお手紙、楽しみにしています。帰りの電車の中で開くことが多いのですが、学校の中に流れている時間とは違った時間が紙面に流れているようでホッとします。好きで就いた仕事なのにあまりの余裕のなさに、つい投げやりな言葉を口にしてしまうことが多いなか、日々の思いをこんなふうに言葉にしている人たちがいるんだと思うと救われるような気持ちになります。

この間、期末テストの1日目に校長が、これは皆さんの毎日の頑張りに対する配慮の気持ちですと言って、2時間早帰りを許可したんです。いいことをしてあげているんだという言い方が気に障ってしかたがありませんでした。だって、期末テストの午後はどうしたって採点があるし、それが終われば成績。家に帰っても仕事をしなければいけないのに。この配慮ってなんなのでしょうか。不勉強で申し訳ないのですが、ちょっとQ＆Aで触れていただけると嬉しいです。（旭区・中学校教員・39歳）

A 「配慮」ですが、正式には「適切な配慮」という法的な言葉です。

その前に給特法の話をしましょう。71年に成立した**給特法**――国立及び公立の義務教育諸学校等の教育職員の給与等に関する特別措置法といいます。国立大学が独立法人に移行したことで、今は「国立及び」が外されています——、この法律で、**教員には超過勤務手当を支給しない代わりに本俸の４％の教職調整額を一律に支給すること**が定められました。この法律はかなりの難産でしたから、これに付随して事務次官通達（文部訓令や政令）がいくつか出されました。その中で、教員には勤務時間の適正な割り振りを行ない、超過勤務を命じないこと。命じてよい範囲を職員会議や学校行事、実習、非常災害等緊急やむを得ない場合に限定することを定めました。まとめると、**教員には超過勤務は命じない、緊急の場合は４項目に限る、教員に無定量な超過勤務はありえない**、ということになります。どうですか。この法律はもちろん生きているわけですが、私たちの現在の学校の現実とどれほどかけ離れているか。

現実に超過勤務が山ほどあるじゃないですかというと、お役人も裁判所も、それは超過勤務とは言いません。先生方が自主的、自発的に行なっているものですと答えます。４項目以外の仕事、テストの丸つけも成績業務も保護者面談も進路指導もみな、勤務時間外にやったものは「自主的自発的」なものだということになっています。これは公立学校の教員に限った法律です。私立学校の教員は労基法が適用され、時間外手当も支払われます。

東北大震災のとき学校が緊急避難場所になり、現地の教員は昼夜なく避難所の維持に奔走しました。同じように身を粉にして働いた市役所の一般職の人たちや学校事務職員には相当額の超過勤務手当が支払われましたが、この法律があるため教員に時間外手当は一切支払われませんでした。

ここには、教員という仕事が高度に自発性、創造性による部分が強く、労働そのものが計測不可能な部分が多いという制定時の理屈が根底にあります。ウソですね。**教員の仕事だって、計測できます**。現に文科省が労働時間ではないけれども、在校等時間は計測できるとしていますし、時間計測をともなう実際勤務実態調査が何度も行なわれています。

50年前の法制定時、政権を握っていた自民党の文教族にはずる賢い？議員がたくさんいました。教員にも超勤手当を支払うべきとする判決が全国各地の裁判所で続々と出て、最高裁もこれを追認する可能性が高くなった時に、彼らは考えました。教員を他の一般の労働者と同じに扱ってしまうと労働者性が強くなってしまい、国家百年の大系たる教育を担う教員が左傾化し、次世代を担う子どもたちの教育に支障が生じる、**なんとかして他の労働者と分断しておく方法**はないかと考えたのが4％一率に支給という方法でした。その結果、**現在のような時間外勤務の野放し、定額働かせ放題という状況**が生まれたわけです。

さて、「**適切な配慮**」ですが、これは法制定時に定められていて、限定4項目の超過勤務を命じた場合、教員の福祉と健康にかんがみ、適切な配慮をとることが校長の権限として確認されています。私が原告の一人として提起した横浜超勤訴訟の東京高裁判決も校長の裁量権を指摘しています。職員がしんどそうだなと見えた時には、校長には「休んでください」と言える幅広い権限、裁量権があるということです。さらに言えば、たとえ**自主的、自発的な超過勤務であっても、**

校長には教員に対する安全配慮義務があるという画期的な判決が２０２２年6月に大阪地裁で出ていて、確定しています。

校長は「してあげる」のではなく、教員の健康と福祉を守る義務があるのです。浜教組分会には、校長との交渉権がありますから、交渉の中でそのことを指摘してみたらどうでしょうか。

第6章

「がっこう」の環境は変えられます

［「がっこう」の環境は変えられます］

新校長の強権に対抗することはできますか？

Q ご無沙汰しています。お元気ですか。4月に新校長が赴任して職場の雰囲気が変わってしまいました。今までは暗黙の了解で、時間外勤務が多いので、用事があるときには16時半には帰ることができたのですが、今度の校長は勤務時間終了の17時15分までいるべきと言います。休憩時間もちゃんと設定されているのだからしっかりとってほしいと。昨年度まではアバウトに「いいですよ」といっていた副校長も「きまりはきまりですから」なんて言ってます。今年分会長に選任された先生まで「まあ、そういうご時世ですから……」だそうで、職場にはもう組合らしさはどこにもありません。こういうのってどうすればいいのでしょうか。（市内・中学校・38歳）

A 答えは簡単です。校長が代わり、副校長が変わり、分会長が何もしないのなら、あなたが頑張ればいいだけです。38歳の中堅教員には長年経験を積んできた重みというものがあるでしょう。それに逆境に負けない、空気を読まないところがあなたのいいところ。ガンガンいってください。そのための足掛かりを少し書いてみます。

まずは**校長交渉**ですね。浜教組の分会は校長（当局）と交渉関係にあります。両者は交渉を通じて勤務条件の維持改善に努力することになっているのですが、分会長として当局と渡り合わなければならない人が頼りにならない先生では交渉は難しいかもしれないし、設定しても交渉が成立するかどうか。分会長の人選を根本から考えるべきです。

でも、ほかに手はあります。交渉は組合に限りません。地公法55条の11には次の規定があります。「職員は、職員団体に属していないという理由で、第1項（職員の給与、勤務時間その他の勤務条件に関し、及びこれに附帯して、社交的又は厚生的活動を含む適法な活動に係る事項）に規定する事項に関し、不満を表明し、又は意見を申し出る自由を否定されてはならない。」面白いでしょう。「不満」は法律用語なんです。**個人が当局＝校長に対し堂々と不満を表明できる**と地公法に書いてあります。分会が動かなくても勤務条件についての話し合いは、**極端に言えば一人でもできる**のです。

これを運用すれば職場の勤務条件の問題の多くをこの話し合い＝交渉のテーブルに載せることができます。何人かで校長と向き合い「不満を表明」してみてください。その上で職場で職員団体をつくればいいのです。地公法は職員団体の数は制限していません。職員団体は一般の労働組合のように団体協約は結べませんが、地公法55条にある協定は結べます。**交渉で話し合ったことを覚え書きや確認書というかたちで残す**ことができます。残念ながら、公務員の勤務条件は条例制定主義で、それを超えることはできませんが、職場の中の決め事なら十分使えます。紳士協定に近いものですが、紙一枚には一枚以上の重さがあります。

そのために**まず申し入れ書をつくること**です。申し入れ書に定型はありません。立派なものをつくらなくても、現状をていねいに書いて、改善案を求めるという格好ならばＯＫ。たとえば、「校長は休憩時間を取得せよというが、休憩時間が設定されている16時から16時45分の間に月予定表で会議がいくつも入っている。休憩時間は給料の対象ではないのだから、自由利用などの3原則に基づいて取得できるようにしてほしい」。

現状認識が校長と違うならば、交渉の席で議論すること。同じ職場にいるのだからそれほどの認識違いはないはず。校長から反論がなければ現状は共有されたことになります。あとは、具体的な改善策を提示すればいいですね。

ここで気をつけなければならないのは、職員会議での勤務条件の変更です。たとえば出勤時間の変更などは教員一人ひとりの生活にかかわることです。子どもの送り迎えの時間や保育園の費用の問題など**個人の生活の変更にかかわることは、職員会議などで決めてはならない**のです。純粋な勤務条件の変更ですから、交渉の議題とすべきです。

時間外勤務の問題がありましたね。公立学校の教員の場合、**給特法**で時間外手当を支給しない代わりに俸給の４％を支給することが定められています。その法制定に関わって重要な文言がいくつかあります。文部訓令（政令）で定められた「正規の勤務時間の割り振りを適正に行い、原則として時間外勤務は命じないものとする。（訓令第3条）」「教育職員に対し時間外勤務を命ずる場合は、次に掲げる業務（限定4項目）に従事する場合で臨時または緊急にやむを得ない必要があるときに限るものとする。（訓令第4条）」という文言を材料に交渉をしてみるのも一興です。

勤務時間の割り振りを行なう主体は校長です。割り振りには集団と個人があります。校長はそれぞれの業務内容を把握し、それらが所定労働時間内に収まることを前提として割り振りを行なわねばなりません。実際にはできていないけれど、法的にはこれが大原則。そして教員には限定4項目以外の時間外勤務は命じてはならないことを確認してください。

でも実際の時間外勤務は限定4項目以外の業務が8、9割です。これらは必要な業務でありながら、法的には、教員が勝手に（自主的、自発的）やっている業務とされてきました。それならば、「その業務を行なうか行なわないかは、その教員が決めていいということですね」と校長に問いかけてみてください。自主的、自発的とはそういう意味だからです。

一つひとつ業務を挙げて校長に問うてみてください。たとえば、時間外に及ぶ教科の資料作りや定期テストの作問、採点、進路指導や生徒指導、保護者面談いくらでも挙げられますね。「これ、やらなかったら何か不都合はありますか」と。「所定労働時間内はもちろんやりますが、時間が来たらやめていいですか？」これにたいして「やらなくて結構」という校長はまずいません。万一、もしそう答えたら、「時間外勤務を行なわなくても人事評価の対象とはしませんね」と確認してください。「もちろんやってもらわないと、大変ですがお願いします」と校長が言うのなら、その業務は自主的自発的なものではなく、校長の包括的指揮命令下の時間外労働であることを確認してください。

ここが一番重要なところ。「お願いします」と言ってみたところで、これが労基法上の時間外労働であると校長は断言できませんから、そのときは「校長は、これらを労基法上の時間外労働とは認めなかったが、これらの業務については職員に対しやってほしいと発言した」事実を文書にしておいてください。ここが教員の労働をめぐる最もせめぎ合いとなっているところです。文書化はその厄介さを可視化することになります。

そして校長がやるべき割り振りが適正にできておらず、その結果発生した時間外業務ですから、校長は教員に対し最大限の配慮を講じるべきことを伝えてください。今後、時間外勤務が常態化しないよう常に抑制する努力をすること、時間外勤務を強要しないこと等、校長には職員に対して安全配慮義務があることは、２０２２年6月の大阪地裁判決（確定）がはっきりと示しています。

校長はさまざまな妥協案を出さざるを得ないと思います。でもたとえ妥協案であっても、現場を変えていく力になることもあります。以上、**確認できたことを必ず紙に書いて互いの署名し、協定書としてください。**

ついでに**職場の勤務条件を変える方法**をもう一つ。**地公法46条の措置要求**です。地方公務員は人事委員会、公平委員会に対し、具体的な勤務条件の改善の措置を要求することができます。人事委員会、公平委員会は、職員個人から措置の要求があれば、口頭審理等の審査を行ない、必要と判断した場合は、行政に対し何らかの改善策を勧告することがあります。これはお金も時間もかかりません。何度出してもいいのです。要求が通ることはまれですが意義はあります。私も何度かやったことがありますが、勝ったこともあります。たとえ負けても職場にこういう問題があるということを示すことはできます。

長々と書いてきましたが、どうでしたか。**すべて法律に則った取り組み方です。矛盾を放置していると、それが当たり前になっていきます。これっておかしいよねと、まずは声を上げることです。**交渉などすぐにできるというわけにはいきませんが、使えるものを一つひとつ使って地道に取り組むことが大切です。

主幹教諭になるよう勧められました。

Q ご無沙汰しています。先日校長に、来年度、主幹教諭になってくれないかといわれました。ことしからの13学級以上の学校では主幹教諭を４人にするんだとか。私は、管理職試験を受けるつもりもないので、困っています（今は学年主任をしています）。何かアドバイスしていただけるとうれしいのですが。（緑区・中学校・49歳）

A 最近、あちこちからそんな話を聞きます。導入当初は、だれが主幹教諭なのかわからない学校も多かったようですが、最近では一校に5、6人の主幹教諭がいることも珍しくないようです。横浜市内で３０００人くらいいるでしょうか。異動の挨拶の時に主幹教諭の○○ですと自己紹介するのも珍しくないようですね。

主幹教諭制度について少し概括的に流れを見ておきましょう。戦後の学校体制はいわゆる「鍋ぶた構造」と言われ、当初はたった一人校長だけが管理職で、これが鍋のふたのつまみで、残りの教頭以下の教諭はすべてヒラ＝ふたという形でした。70年代初頭に**教頭**が法制化され、管理職が二人になりました。そして70年代半ばから全国で**主任制**が制度化され、一日２００円を月

155日間支給するようになりました。横浜でも当時主任制反対闘争として「主任にならない署名」を浜教組分会が集めたりしました。闘争が敗北に終わったとたん、先頭で旗を振っていた分会長が率先して主任になるなんてこともありましたが、それでも主任は校務分掌の一つであり、年によって代わることのあるものでした。今ではその**主任手当もなくなり、形だけ**が残っています。

主幹制度を最も早く取り入れた東京都では、主任制が機能していないという評価から、国に先んじて「新しい職」としての主幹を導入、手当てではなく新給料表をつくりました。戦後60年で初めて学校に**新たな職**がつくられたわけです。主任が校務分掌の一つであるのに対し、主幹は属人的な職名であって、**異動しても職も給料表も変わりません**。

神奈川、横浜の総括教諭、主幹教諭は都の後塵を拝してつくられたわけですが、導入の仕方は穏健なものでした。都がおこなった主幹昇任試験の実施や辞令交付式はなく、定着するまでは波風立てずという形で進められてきたようです。

手元にある教職員名簿を見ると、管理職の名前の下に今までは在職年齢の高い、一般的には年長者の教諭から順に並んでいた名前が、最近では副校長（法律上は「教頭」と同じ。横浜市では慣例的に「副校長」を使用しており「教頭」は存在しない。全日制と定時制を併設している市立高校には校長代理がいる。自治体によっては、副校長と教頭を併置しているところもある）の次に主幹教諭の名前が並ぶようになりました。名簿を見てみるとけっこう知り合いがいます。昔から上昇志向の強かった「好かん教諭」もいるにはいますが、どちらかというとあまり上昇志向のない穏やかな「酒燗教諭」のほうが目立つ感じもします。これは、管理職が職場秩序を乱さないために人望のある年長者を主幹教諭に配置したことの表れでしょう。こうして横浜では、主幹教諭は意外に静かに職場に「定着」していったと言えます。

問題はここからです。**教頭の職務**は「校長を助け、校務を整理し、及び必要に応じ児童の教育をつかさどる」（学校教育法）ことにありますが、**主幹教諭の職務**は「主幹教諭は、校長（副校長を置く小学校にあっては、校長及び副校長）及び教頭を助け、命を受けて校務の一部を整理し、並びに児童の教育をつかさどる」こと。主任は校務分掌の一つであくまでただの「教諭」同様「児童の教育をつかさどる」ですから校内の指導層には形の上では入りませんでした。ところが主幹教諭はそれ自体が職名で、給料表も別です。そういう人が職場の中から湧き出てきて、校長や教頭を「助ける」ことになったわけです。

それから主幹教諭として異動してくる人もいます。職場に何のしがらみもない「管理職3分前」の人が、それなりの権限と意識をもって転勤してくるわけです。形だけであった組織図も、主幹教諭中心に実質化していくことでしょう。

結論として、**主幹教諭の導入は、人事評価制度の導入と合わせて、戦後の学校でつくられてきた教員文化のようなもの＝ヒラ教員の協業体制を壊していくもの**だと私は考えています。非効率的ではあるけれど、互いのミスを補い合いながら、集団として児童・生徒に対していくという文化の終焉が間近いということです。

さて、あなたがどう判断するかはわかりませんが、学年主任と違って主幹教諭になれば、学担になることはこれからもうないでしょうし、管哩職からは管理職試験を受けるよう指導されることになるでしょう。管理職にとっては、後進育成も重要な仕事なのですから。

既に人事評価制度と職階制の導入で教員の意識はかなり変わってきているのではないでしょうか。そのうちまた新たな職階が導入されることもあるでしょう。**現場では勤務条件についてモノをいう人がどんどん減っています。**超過勤務は野放し状態です。休日出勤すら意義や目的があれば当然と考えている管理職もいますし、特色づくりの実績のためには、教員を踏み台にすることなど辞さないという管理職も。

ところで、私は２００７年度の横浜市の主幹制度導入時に、校長から主幹教諭への昇任を打診されたことがあります。私が断ることを校長は承知の上で要請したわけですが、私にとっては、それは一教員の人事というより、この国の学校の変貌の一里塚のように思えたことを覚えています。目の前で学校が変わっていくことを実感した瞬間でした。

追伸

主幹教諭は、辞めようと思えばすぐに辞められます。一部で「一度なったら辞めるのは大変だぞぉ」などという向きもありますが、降任、降格については導入時に教職員人事課との交渉で確認していますそれから、都教委が今いちばん困っているのは、主幹のなり手がいないことと、「私が」と手を挙げる人に人望と能力のある人が少ないことだそうです。

［「がっこう」の環境は変えられます］

主幹教諭になって、いいこと悪いこと⁉

Q　またまた電話で失礼します。転勤して3年目になるんですが、先日校長から主幹教諭やってみないかと言われました。「いずれ先生も管理職試験を受けなければならないしね」とも言われました。まだまだ40歳になったばかりで、正直そんなことは考えていなかったのですが、言われてみると悪い気はしませんね。見る人は見てるんだな（笑）、なんて思ってしまいました。来年は学年主任だそうです。先生の書かれているのを見ると、何つうか主幹教諭に黙ってなっちゃっていいのかなとも思います。なってもいいんすかね。こんなことを書くと「ンなこと自分で決めろよ。オレに相談なんかするな」って言われそうですが、大パイセンの赤田センセから見て、私に主幹教諭や管理職が務まると思いますか。それから主幹教諭になっていいこととよくないこと、教えてください。（中学校教員・男性・40歳）

A　相変わらず率直というか軽いというか。もう40歳になるんだ。早いモンだね。主幹教諭にならないかって言われたって？　それじゃ私より階級が上になるということだ。これからは、敬語で話さなくちゃいけないか？　そうですねじゃないだろう（笑）。

主幹教諭になって、いいことをまず教えてあげよう。①給料表が変わる、**つまり給料が増える**。たとえて言えば、新人の時はみないっしょに各駅停車に乗る。途中駅で副校長という急行電車に乗り換える人が出てくる。その人はまた別の駅で校長という特急電車に乗ることになる。でもほとんどの人は、私もそうだけど各駅停車に乗りっぱなし。主幹教諭というのは、急行電車の乗換駅の手前の駅で準急に乗るということだね。各駅より早い。つまり一つ上の階級の給料表に乗るということ。試験を受けなくても校長の一存で準急に乗れるんだからお得だね。

行政でいえば校長が課長、副校長が課長補佐、主幹教諭は係長ということになる。早く主幹教諭になればなるほど、同じ年齢でも各駅停車組とはどんどん差がついていく。私ぐらいでも月に1万円以上差がついているよ。それに自分の子どもにも「お父さんは、フツーの先生じゃないだよ。シュカンキョーユなんだよ」と言える。笑っているけど、意外に名前で満足している人もいるんだよ。訃報にだって主幹教諭と載るし、4月から口の利き方が変わったって人もいるんだから。なに？ 赤田さんはいつもエラそうだったって？ あのね、うるさい。

あとは、②**校内の重要といわれるポストで仕事ができる**。主幹教諭で学級担任という人は今でも少ないし、何かの主任ということになる。毎朝、校長、副校長と主幹教諭が集まって会議を開いている学校もあるし、情報はそこに集中し、決めごともそこで行なわれる。学年の意向なんてどんどん軽くなるはずだ。

③**管理職試験を受ける資格が与えられる**。今までは、管理職が「君、どうだ、そろそろ」なん

てテキトーに推薦していたけど、これからは副校長になるには主幹教諭でなければならない。今までのように上が詰まっていたり、転勤すると一から出直しだったけど、今度は違う。詰まろうが異動しようが主幹教諭はそのまま主幹教諭。各駅停車に戻ることはない。急行に乗る権利が確保できているということだ。

では、よくない点を挙げてみよう。④**主幹教諭になると、6年の異動年限を延ばすこともできる。**よいことの裏返しの面が強いけど、①給料が高い分だけ、期待も高い。自分を主幹教諭にしてくれた校長の下だけで働くわけではなく、ウマのあわない校長の下でも働くことになる。校長によっては期待の中身が違ってくる。能力評価って言ったって、それほど客観的であるはずないんだから、まわりの我々各駅組からも「主幹教諭ならもうちょっと仕事しろよ」なんて言われるかも知れない。君なんか部活動をやっているから仕事しているって勘違いしているタイプだから、ちょっとあぶないな。とにかく**周りの視線はけっこう厳しいか**もしれない。勘違いしてはいけないのは、主任は校務分掌名のひとつで校内の役割分担なんだけど、主幹教諭は「職名」であって属人的なもの、そのままどこまでもついてまわるものだということ。

それから②**途中乗り換えは難しい**こと。いったん主幹教諭になったら、自分で降格を言い出さない限りずっと準急に乗っていなければならない。やっぱ各駅停車がよかったななんて思っても、わたし乗り換えますっていうのは簡単じゃない。けっこうな給料をもらっちゃっているから、家族にも降格は言いだしにくい。

最後に一番大事なこと。学校教育法、覚えている？　校長の職務は、「校務をつかさどり、所属職員を監督する」、教頭（副校長）の職務は、「校長を助け、校務を整理し、及び必要に応じ児童・生徒の教育をつかさどる」だったね。だから、校長には教員免許をもたない民間人校長がいるけれど、民間人副校長というのはいないよね。私たちヒラ教諭は、「児童・生徒の教育をつかさどる」のが職務。そうなると③主幹教諭の職務内容は「校長を補佐しながら児童・生徒の教育をつかさどる職」ということになる。この間の文部科学省交渉でのことだけど、若い役人が、教員の出退勤記録や時間管理については主幹がやってもいいんだ、みたいなことも言っていた。文科省からすれば主幹教諭は第三の管理職という認識なんだね。

現場でも、主幹教諭をめぐっていろいろなぎくしゃくが起こっているのを聞いているよ。この主幹教諭制度と新昇給制度の導入で、現場にわずかに残っていた**教員の独特の文化、働き方**——互いに隙間を埋め合うような——**がなくなっていく**だろうと思う。君とも生徒指導でずいぶん遅くまでいっしょに仕事をしたことがあったよね。苦しかったけれども、老いも若きもどこかにつよい紐帯のようなものがあった。そういうのは確実になくなっていくんじゃないかな。

最後に君に主幹教諭や管理職が務まるかって質問だけど、どうだろうか。教員の世界だって君のようにぼーっとしていて人の好い人ばかりじゃないんだよ。目端が利いて、目から鼻に抜けるような人でなければ務まらない。気苦労も並大抵じゃない。生徒だけじゃなくて先生たちが抱えている問題も多い。だから何でも抱え込んで悩んでしまうタイプは向かないな。とすると、君はもしかしたらいいかも……。いや私なんかに相談しているようじゃ難しいな、悪いけど。

［「がっこう」の環境は変えられます］

能力のない主幹教諭をみていると、せめて学級担任手当てをつけてほしいと思います。

Q　主幹教諭のことで相談です。4月に転勤してきた49歳の先生なのですが、今、同じ学年に所属しています。着任式の時にも校長から主幹教諭の○○先生と紹介されましたので、力のある人だと思っていたのですが、一緒に仕事をしてみて愕然としました。分担している仕事はとにかく雑で遅く、字は判読がかなり難しいです。空き時間は、だれかれ問わずつかまえ、やたらおしゃべりをします。じゃ面倒見はいいかというとそうでもなく、分掌の仕事など若い先生にまる投げ状態です。そのうえ自分はあなたたちと立場が違う、いずれは管理職になると堂々と吹聴します。

学年の会議では学年主任を差し置いて、自分が仕切ろうとします。一方、授業は雑談が多いようで面白がっている生徒も多いようです。部活はサッカー部の副顧問ですが、保護者の受けは悪くないようです。

正直、この先生のことがストレスになっています。世の中理不尽なことが多いのはわかりますが、同じ仕事をしていて、片や仕事が適当なのに給料が高く、昇進も間近、片や時間のとられることの多い学級担任、これでは納得がいきません。せめて部活動のように学級担任手当てなどつけてもらいたいと考えていますが、そういう改革はありませんか？（44歳・中学校教員）

Aなかなかいないタイプですね。こういう人、困りものですね。彼は以前の学校で校長受けが良かったのでしょう。横浜では校長の推薦があれば主幹教諭になれます。面接や筆記試験などの試験制度はありません。しかし、そうした勤務態度ならば現任校の校長の人事評価がかなり厳しくなりますね。現場では主幹教諭ばかりに高評価がつくのはおかしいという声がありますが、この先生はいくらなんでも高評価ということにはなりませんね。**評価の低い主幹教諭が副校長試験まで行けるかどうか**。いずれ自分の置かれた立場に気がつくのでは。

さて、職務に対する手当について。現在、中教審の教員の働き方を考える部会では給特法の問題が大きなテーマになっています。その中で職務手当のことも話題に上っていたようです。2022年から23年にかけて文科省は教員の勤務実態調査をやっていて、その結果に基づいてなんらかの改革案を出さなければならない状況になっています。というのも、19年に給特法が改正され、①時間外在校等時間の上限規制と、②教員の変形労働時間制の導入という2つの改革を行なったのですが、これが全く功を奏せず、**教員の働き方の現実はコロナ禍の3年間を経ても変わらない**ばかりか、**全国的な教員不足と教員採用試験の倍率の低下が大きな問題**となっています。そこで、自民党も抜本的な働き方改革を検討し始めているのです。

いったいどういうことが検討されているか、少し見てみましょう。まず一つの選択肢として**給特法の廃止による時間外勤務手当化**が挙げられます。労働基準法36条、37条を適用し、教員にも時間外手当を支給するということですね。36条が適用されると、まず勤務時間管理を労使で合意しますから可視化できること、さらにそれぞれの教員の時間外勤務時間が違うことに対し時間外勤務手当でメリハリがつくこと、そして割増賃金支払いを前提にすれば無定量だった時間外勤務が抑制できることが挙げられています。

一方難点としては、**財源が確保できない**（今のままの時間外勤務ならば年間数千億円が必要になります）、それから教員の勤務は特殊で時間外労働は自主性、自発性によるものとしてきたことをどう再整理するのかという問題、さらにいままで36協定を締結したことのない教員と現場管理職との間で、具体的にどのような内容の協定が結べるか未知数という問題もあります。

特に勤務の特殊性の問題は大きいですね。つまり、今でも国立大学付属の教員や私立学校の教員は、公立学校の教員と全く同じ仕事をしながら労基法が適用されてきたわけで、今更、いや実は変わらないんですよとなれば、今まではどうなっていたんだということになりかねない。**給特法はそれほど矛盾を含んだ法律**でありながら、50年もの間この国の公立学校の教員の足かせになってきたわけです。

時間管理についても、明確に所定労働時間を定めている労基法32条が適用されているにもかかわらず、教員は、自主的、自発的、創造的に仕事をしているので測定不可能とされてきました。19年の改正で時間外労働時間ではありませんが、時間外在校等時間という名目で、測定は可能ということになってきています。文科省はまだ労働時間とは認めていませんが、超勤をめぐる裁判ではすでに労基法上の労働時間を認定している判例もあります。

そうした中で検討のまな板に載っているのが、数千億円にのぼる時間外手当支給ではなく、教職調整額４％の増額です。しかし、法制定当時、時間外６～７時間分をもとに算定したのが４％ですから、今の状況に合わせれば10倍の40％ということになってしまいます。どう考えてもムリな話ですね。そうはいかないなというので出てきたのが**職務手当**です。学級担任手当てや部活動顧問手当、学年主任や教務主任手当てなどです。すでに私立学校では実施されているところもあり、それなりに機能しているようです。

これは、仕事分担が明確になるという点ではわかりやすいのですが、協業という点ではどうでしょうか。職務手当や人事評価制度は、仕事を集団で担うというシステムから、個人、個人がそれぞれ明確な分担で担うシステムに変換されるということです。学校の中の一人ひとりの仕事の境界が明確になるということです。これはいいことなのでしょうか。古臭いように見えて、**長く培われてきた教員の協業文化は、子どもの養育、教育ということにおいて、重要な役割をはたしてきた**と私は考えているのですが、あなたはどう思いますか。

あなたの不満は理解できますが、例えば学級担任に職務給が導入されたとき、今まで見えないところで支えてくれた副担任の人にクラスにかかわる仕事を頼んでも、それは私の仕事ではありませんからと、普通の会社のように言われたらどうでしょうか。

いや、時代はもうそうなっているんじゃないかという人もいます。それもみな給特法の問題がどっちに転ぶかで決まります。

横校労に入ろうかなあ、と考えています。

［「がっこう」の環境は変えられます］

Q　メールで失礼します。今、文化祭の準備で四苦八苦しています。コロナで中止していた合唱コンクールと文化祭を同時にやるので虻蜂取らずの状態です。容赦ない授業時間の確保というヤツがいつも目の前にぶらさがっており、その合い間に定期テストの問題をつくり、試験をして採点をする。学期末の三者面談を乗り越えてようやく連絡票（横浜では通知表のことをこう呼びます）づくりにたどり着いたところで合唱コンクールの本番がやってきます。吹奏楽部の副顧問なので、文化祭の発表の準備もあります。15時～18時は校内をひたすら歩き回り、事務仕事は18時30分過ぎからです。

文化祭のクラスごとの出し物も「本校の文化的行事に対しては地域からの期待も大きい」などと管理職は言うのですが、その分時間を確保するかと言えば全くなし。生徒も目の前をいろんなものがすごいスピードで動いていくものだから、賢い生徒は「この程度でいいんじゃないの？」と言いますし、生真面目な生徒は「やる以上はちゃんと！」です。間に挟まれた私は、第三のグループのあまりやる気のない男子生徒から「先生、やる気あんの？」なんて言われています。

ほとんど年中行事になってしまった連絡票の誤記入防止のための際限のない点検、どうしてこんなとこまでといつも思います。東京で教員をやっている友人は「何でそんなことやってんの？」と言います。ミスはあるけれど、その時にはちゃんと本人や親に連絡をして、説明、謝罪で済んでいるよって言います。横浜だけがどうして？と思います。

勤務時間のことなど誰も言いません。三分の二くらいの人が浜教組に入っていますが、分会長が教務主任の先生で忙しくしているので、分会会議なんてもう何年も開かれていません。最近では、この先生を中心に主幹の先生たち４人が、管理職の先生２人といつも校長室のドアを閉めて閉じこもっていることが多いです。

あのころ、赤田先生に「横校労に入ること考えているんですが」と言ったこと、覚えていますか。「教員も組合も長く続けていくためには、もう少しじっくり周りを見渡してからのほうがいい」と言われました。教員になったばかりのはねっ返りだった私に対して、適切なアドバイスだったと今でも思います。最近、また考えています。

このまま職場の中で、周りの空気に合わせていくだけだったら、なんか自分がなくなっちゃうような気がするんです。もう少し自分の意見をちゃんと言えるようになりたい、周りで辛い思いをしている人を助けられるような力をつけたい、生徒や保護者に対して一人の大人としてしっかり向き合いたい、そんなことを考えています。（市内中学教員・34歳）

A

組合（横校労）加入の件ですが、もう10年以上も現場にいて酸いも甘いもわかったうえで加入したいということなら、いつでもどうぞ、待っています、です。

「組合（浜教組）に入っておかないと職場でうまくやっていけないよ、みんなが入っているんだからあなたも入らなきゃ」は、そのまま「組合に入ったら職場でうまくやっていけないよ。みんなが入っていないんだからあなたもやめときな」というのと全く同じです。処世術としてはわかるけれど、自分を恃《たの》むプライドがある人はどちらもとりません。**上手に世渡りしながら、生徒には「自分の意見をしっかりもて」などという二枚舌は教員の常**、別に珍しくはありませんし、世の中そんなものでしょう。これも大人の世界ですね。でも、でもね、という小さな留保が、人生では大切なときがあるのではないでしょうか。

退職教員の思い出話を少しだけ。私が横校労に加入したのは77年10月、教員2年目の秋でした。横校労の結成はその1カ月前、浜教組1万2000人に対し20数名での結成でした。当時の職場は3学年で40クラスを超えるマンモス中学。教員は80人を超え職員室は2つありました。浜教組加入率100%、非組の教員はゼロ。そんな中、教員経験2年にも満たない若者2人が、浜教組を批判して脱退、できたばかりの第2組合に加入したわけです。前日に配ったビラは夜のうちに破り捨てられゴミ箱に。男女共用の職員トイレの落書きにも私たちへの批判が書き込まれていました。若いのに浜教組に楯突くのは生意気というのが大方の空気だったと思います。校長交渉で確保した小さな組合掲示板にもいたずらをされました。

人間は教員であろうとなかろうと、下品な人と上品な人に分かれると思いました。陰で口汚くののしり、進路情報までも隠してしまう人もいれば、言葉に出さなくても、じっと私たちの言葉に耳を傾けてくれる人たちもいました。私も上品とは言えないけれど、**ひとつの枠の外に出たとき、見えないものが見え始めたような気がしました。そして自分も上品を目指そうと思いました。**

組合加入というのは、若かった私にとって、大きな問題でした。短慮な若者ではありましたが、この組合加入が、その後の自分の教員人生のゆくえを決めるものだぐらいの判断力はもっていました。教員を続ける限り、ヒラ教員でと決めたのもこの時でした。加入から定年までの37年間、不利益もたくさんありました。異動して新しい職場に行くと、激しい風評被害、誹謗中傷がありました。人間関係はマイナスからつくらなければなりませんでした。結婚をして中古のマンションを買おうとしたときに、低金利のろうきんは浜教組組合員以外に住宅融資をしてくれませんでした。長い間、高い利息を銀行に払うことになりました。

さて、翻って現在ですが、そうしたマイナスはほとんどありません。毎月職場で配る『横校労』も読者が結構います。「組合歴社会」と言われた「管理職養成組合」の浜教組も、今では加入率も下がりました。この組合は一度脱退したら二度と加入できないとか、脱退するときは紅葉坂の本部まで行かなければならないなどの、労働組合とは思えないような官僚的な体質は変わっていないようですが。

ろうきんも今では住宅融資で差別することもなくなりました。少数組合に対する嫌がらせは隠然とはあるかもしれませんが、肩身の狭い思いをすることはなくなりました。清水の舞台から飛び降りるような重い決意をしなくても、必要だと思ったから入りましたという組合員も増えました。

ただ、問題は職場の中。だれもが当たり障りなくなってきていて、同僚とぶつかることを避け、周囲半径2mぐらいのことにしか関心を示さず、面倒な問題には口を出さない風潮が強まっているとか。あなたが言うように、周りで辛い思いをしている人を助けられるようにと考える人は少なくなっているのでしょう。一方で上に立つ人たちの中には、平気で人を踏みつけにしていく人たちも増えているようですね。

こんな時だからこそ、職場の中で互いが結びつき、力をつけ合い、堂々と自分たちの要求を掲げて校長交渉を行なっていく、そういう人たちが求められているのではないでしょうか。横校労には、長い時間をかけて蓄積してきたたくさんのノウハウがあります。私自身も数多くの闘いの場を踏んできました。私にとっての横校労は、社会の仕組みや機微を学ぶ一つの学校のような存在でした。

あなたの加入を待っています。組合費は浜教組より少し高いですが、有効活用率は高いはずです。加入すれば、すぐに校長に会いに行きます。交渉です。安心してください。あなたの後ろには仲間がいます。困った時いつでも相談にのってくれる退職組合員もいます。もちろん私も。

［「がっこう」の環境は変えられます］

管理職の横暴にどう対応したらいいでしょう、いまの労組は役に立ちません。

Q 組合の中枢は行政と距離が近く、私たちの要求はなかなか実現しません。特に管理職の横暴な振る舞いによってメンタルをやられ、療養休暇に入ることを余儀なくされたケースなども、組合幹部は、その先生のほうにも問題があったのではないか、校長の言動が原因だという確証があるのか、と逆にこちらを追及する始末です。私としては、教組にお金を払い続けるのも嫌になっているので、新しい組合をつくることも含めて考えています。ただ別組合をつくるのは利敵行為だという批判もあります。何かアドバイスをいただければ嬉しいのですが。（某県・小学校教員・37歳）

A 組合が、行政や管理職との闘いの桎梏となっているケースというのは少なくありません。私たちが既成組合の浜教組を批判した言葉に「組合歴社会」があります。日教組傘下の浜教組は、かつて書記長がそのまま教育長になったり、役員が行政の役人に横異動したことがありました。支部役員から校長、副校長になるのは当たり前のことでした。これは大企業なども同じ構造です。**労働組合が、つねに労働者の側に立っているというのは幻想です。**企業内組合として労働組合が企業の経営を支えているわけです。

管理職輩出装置となっている教員組合は、全国にいくつもあります。あなたのところもそうですね。そういう県では、組合役員の立場で日の丸・君が代に反対していた教員が、校長になったとたん手のひらを返して積極的に掲げ、歌わせるなんて話は捨てるほどあります。

前置きが長くなりました。あなたがたがまっとうに行政に対し要求を掲げて闘おうとする場合、**やはり組合をつくるのがいちばん**です。利敵行為という批判は、分裂をしてでも闘おうとする人たちに向けられる常套句です。何もせず黙って組合費を払って御用組合を支えてしまうことこそが利敵行為ではないでしょうか。

まず地方公務員法をみてください。第52条に「職員団体」という項があります。民間の労働組合は、労働組合法による純然たる労組ですが、公務員の場合は正確には労働組合ではなく職員団体とされています。横浜では浜教組や私たちだけでなく、浜管組という管理職組合もありますし、事務職や右翼の少数労組もあります。人数は最低3人いれば大丈夫です。

また職員団体をつくったり、加入したりした際の不利益について56条は次のように規定してます。「職員は、職員団体の構成員であること、職員団体を結成しようとしたこと、若しくはこれに加入しようとしたこと又は職員団体のために正当な行為をしたことの故をもって不利益な取扱を受けることはない」。

「つくる」という意志決定が参加者で確認されたら、①名称②目的及び業務③事務所の所在地④構成員の範囲など⑤役員規程⑥投票規程⑦財政などを文書にして、自治体の人事委員会か公平委員会に登録を申請します。不備がなければすぐに登録されるはずです。これで当局となる教育委員会や校長と交渉が可能になります。これについては55条の1に「地方公共団体の当局は、登録を受けた職員団体から、職員の給与、勤務時間その他の勤務条件に関し、及びこれに附帯して、社交的又は厚生的活動を含む適法な活動に係る事項に関し、適法な交渉の申入れがあった場合においては、その申入れに応ずべき地位に立つものとする」とあります。

職場では校長が当局となり、分会役員が交渉にあたることになります。分会がない場合、**支部か本部**が交渉することができます。私が、本部、支部役員としていろいろな学校に行くのは、こうした根拠によるものです。ですから要求によっては、職場で職員団体を結成することも可能ですし、例えば職場横断的に養護教諭だけで結成することもできます。

この**地公法の職員団体の考え方**は、戦前、執務時間さえ明確でない公僕であった公務員を、戦後も民間の労働者と明確に区別することを眼目としていますから、労働組合がもつ重要な権利、たとえば争議権や団体協約を結ぶ権利などはかなり強く制約されています。勤務条件について交渉はできますが、55条の2には「職員団体と地方公共団体の当局との交渉は、団体協約を締結する権利を含まないものとする」として団体協約締結を否定しています。民間の労組の場合は雇用者との交渉で賃金等の労働条件を確定、団体協約化できるのですが、公務員の勤務条件は法令、条例によるものとされます。

55条の2に「職員団体は、法令、条例、地方公共団体の規則及び地方公共団体の機関の定める規程にてい触しない限りにおいて、当該地方公共団体の当局と書面による協定を結ぶことができる」にある協定については「当局及び職員団体の双方において、誠意と責任をもつて履行しなければならない」とされていて、法令や条例で決まったものを超えることはできないということです。

ここが職員団体のもっとも規制されたところで、協定と言ってもいわば紳士協定ということになってしまいます。それに協定は双方で守ることが義務となっていますから、行政はなかなかこれをつくりたがりません。このあたりは力関係によるところが大きいのですが、**職場で校長との間で確認された勤務条件の変更などは、しっかり協定化**しておいたほうがいいと思います。**確認事項と双方の署名、捺印があれば発効**します。

旧来、当局と職員団体の円滑な関係を維持するためという目的の解釈から、教委は、交渉の準備行為としての組合の機関会議を職専免で行なうなどの便宜供与を行ってきましたが、90年代後半からこうした便宜供与についてはかなり制約するようになってきています。今では、**職員団体に対し強硬な姿勢をとることが議会や行政内部で評価される**といった傾向が強まっています。横浜でも、要求書の店ざらし、交渉開始時間の勤務時間外化、交渉時間の制限、回答が難しいと担当者が姿を見せず、労務課が代わりに回答するなど、姑息なやり方が目立ってきています。

以上、実際の結成過程ではさらにいくつか課題は出てくると思いますが、**まずは組合をつくり要求書をまとめること、そこから闘いが始まります**。上部をもたないいわゆる独立組合の歴史は、横校労を嚆矢として50年近い歴史があります。少数組合だからこそできるさまざまなノウハウは、今でも全国学校労働者組合連絡会の中で受け継がれています。

[著者紹介]

赤田圭亮（あかだ・けいすけ）

1953年福島県生まれ。都留文科大学文学部国文学科卒業。横浜市の四つの中学校で38年間、現場教員として働く。そのかたわら独立系の教員組織、全国学校労働者組合連絡会（全学労組）事務局長、横浜学校労組執行委員長を歴任する。現在、日本大学文理学部非常勤講師。著書に『サバイバル教師術』（時事通信社）『不適格教員宣言』（日本評論社）『教育改革は何だったのか』（日本評論社）。『教員のミカタ「理不尽」をやっつける柔軟な思考と現場の力』（言視舎）。岡崎勝氏との編著書に『わたしたちの教育再生会議』『日本の教育はどうなるか』『わたしたちのホンネで語ろう　教員の働き方改革』など。他多数。

感想等は——

keisan2298@gmail.com

横校労HP　https://yokokourou.jp

装丁 ……………佐々木正見

イラスト ………工藤六助

DTP制作………勝澤節子

編集協力 ………田中はるか

[シリーズ現場から]

空気を読まない

「がっこう」悩みごと相談

発行日❖2023年4月30日　初版第1刷

著者

赤田圭亮

発行者

杉山尚次

発行所

株式会社言視舎

東京都千代田区富士見2-2-2 〒102-0071

電話03-3234-5997　FAX 03-3234-5957

https://www.s-pn.jp/

印刷・製本

モリモト印刷㈱

ISBN978-4-86565-249-9 C0336